教育をよみとく

教育学的探究のすすめ

田中耕治・石井英真・八田幸恵・本所恵・西岡加名恵＝著

Koji Tanaka,
Terumasa Ishii,
Sachie Hatta,
Megumi Honjo,
Kanae Nishioka

INTRODUCTION TO THE STUDY OF EDUCATION

有斐閣

はじめに

　先日，親しくしている古本屋の親父さんから「最近の教育書は難しくなってきて，売れなくて困りますよ」と聞かされました。教育という営みは，いうまでもなく，私たちの日常生活と地続きにあります。誰しもが教育評論家となり，教育はきわめて関心の高い話題となっています。しかしながら，そのことについて書かれた書物が「難しい」と言われてしまうと，そのことを研究している一人として自戒の念を禁じえません。

　そんな時，劇作家の井上ひさしの有名なことばが浮かびました。「むずかしいことをやさしく，やさしいことをふかく，ふかいことをおもしろく」。まさしく井上作品の目標であり，エッセンスだと思います。考えてみると，このことばはものごとを理解する方法つまり「探究の方法」の本質を示しているようです。

　本書は，同じゼミナールで学び合った者たちによって上梓するものです。その実体験にもとづいて，教育という世界をおもしろく探究する方法をやさしく，深く伝えてみたいという願いがあって，さらには，そのような方法を体得した者こそ素晴らしい教師になるというメッセージを込めてまとめたものです。たとえば，本書では，誰もが自明なことと考えている平明な教育の見方を探究して，その自明性の迷路から読者を解き放とうと試みています。したがって，本書は教育学の入門書（主に Part Ⅰ）であるばかりか，教育研究のガイド（主に Part Ⅱ），さらには教師入門書（主に Part Ⅲ）という性格をもっています。

　読者への期待として，高校で学ぶ皆さんには，そもそも研究

（探究）とは何をどのようにすることなのか，大学生の皆さんには教育を研究（探究）するおもしろさとは何か，新人の先生たちには教職の深さとは何かを，本書で学んでほしいと思うのです。

　最後になりましたが，このような私たちの企画を応援いただいた有斐閣ならびに有益なアドバイスをいただいた編集担当の中村さやかさんに，この場を借りて厚く御礼申し上げます。

　2017 年 3 月 20 日

田中　耕治

著者紹介

田中 耕治（たなか こうじ）　　　　　　　　　　担当　1, 7, 12 講次
　現　在　佛教大学教育学部教授，京都大学名誉教授
　主　著　『教育評価と教育実践の課題──「評価の時代」を拓く』三学出版，2013 年。『新しい時代の教育方法』（共著）有斐閣，2012 年。『教育評価』岩波書店，2008 年。

石井 英真（いしい てるまさ）　　　　　　　　　担当　2, 3, 4 講次／コラム⑩⑬
　現　在　京都大学大学院教育学研究科准教授
　主　著　『中教審「答申」を読み解く──新学習指導要領を使いこなし，質の高い授業を創造するために』日本標準，2017 年。『今求められる学力と学びとは──コンピテンシー・ベースのカリキュラムの光と影』日本標準，2015 年。『現代アメリカにおける学力形成論の展開──スタンダードに基づくカリキュラムの設計』増補版，東信堂，2015 年。

八田 幸恵（はった さちえ）　　担当　8, 11, 13, 14, 15 講次／コラム③④⑧⑫
　現　在　大阪教育大学教育学部准教授
　主　著　『グローバル化時代の教育評価改革──日本・アジア・欧米を結ぶ』（分担執筆）日本標準，2016 年。『教室における読みのカリキュラム設計』日本標準，2015 年。『新しい教育評価入門──人を育てる評価のために』（分担執筆）有斐閣，2015 年。

本所 恵（ほんじょ めぐみ）　　　　　　　　　担当　5, 6, 9, 10 講次／コラム⑦⑨⑪
　現　在　金沢大学人間社会研究域学校教育系准教授
　主　著　『スウェーデンにおける高校の教育課程改革──専門性に結び付いた共通性の模索』新評論，2016 年。『グローバル化時代の教育評価改革──日本・アジア・欧米を結ぶ』（分担執筆）日本標準，2016 年。『岐路に立つ移民教育──社会的包摂への挑戦』（分担執筆）ナカニシヤ出版，2016 年。

西岡 加名恵（にしおか かなえ）　　　　　　　　　　　担当　コラム①②⑤⑥
　現　在　京都大学大学院教育学研究科教授
　主　著　『教科と総合学習のカリキュラム設計──パフォーマンス評価をど

う活かすか』図書文化社，2016年。『「資質・能力」を育てるパフォーマンス評価——アクティブ・ラーニングをどう充実させるか』（編著）明治図書，2016年。『新しい時代の教育課程』第3版（共著）有斐閣，2011年。

目　次

はじめに　i

1講次　探究的学びのすすめ ——————————— 1

1　高校までの勉強と大学の学びの違い …………… 1

2　「探究的な学び」を育むための提案 …………… 4

　1　本を読むということ　4
　2　外国語の1つをマスターすること　12
　3　真面目に議論できる友人をもつこと　14

Part I　教育問題の問い方

2講次　早 期 教 育 ——————————— 19
　　　　　　何ごとも早い時期から教えたほうがよいのか？

1　早期教育の盲点 ……………………………… 19

2　「発達段階」という考え方 ……………………… 23

3　おわりに——さらなる探究へのいざない ………… 26

3講次　学 力 低 下 ——————————— 29
　　　　　　ゆとり教育は学力低下を招いたのか？

1　「学力低下」問題の真相 ……………………… 30

2　学力問題をよみとく4つの視点 ………………… 32

3　おわりに——さらなる探究へのいざない ………… 36

4講次 いじめ ——————————————— 39
道徳教育でいじめ問題は解決できるのか？

1 いじめ問題の盲点 ……………………………………… 39

2 いじめの構造 …………………………………………… 42

3 おわりに――さらなる探究へのいざない ………………… 46

5講次 個性尊重 ——————————————— 49
日本の授業は画一的か？

1 学校における授業のイメージ ………………………… 49

2 「個性」と「個人差」 ………………………………… 51

3 個性の尊重と協同的な学び …………………………… 53

4 おわりに――さらなる探究へのいざない ………………… 55

6講次 格差 ——————————————————— 57
本人の努力の問題か？

1 格差をめぐる言説 ……………………………………… 58

　　1 学力格差は，本人の努力次第で乗り越えられる？　58
　　2 一部の人たちの問題にすぎない？　59
　　3 格差を縮小させようとすると，学力の高い子どもたちの
　　　 教育がおろそかになる？　61

2 格差問題にどう立ち向かうか ………………………… 62

3 おわりに――さらなる探究へのいざない ………………… 63

Part II 探究の営み

7講次 問いを立てる ——————————— 67
テーマのみつけ方

1 「探求」の営みとしての論文作成 ……………………… 67

2 探究の第一歩——「問いを立てる」ための提案 ………… 71

  1 当事者意識の対象化——「問い」の歴史的・社会的な背景を探る 72
  2 問題意識から課題意識への転換——「問い」を学術的レベルにひきあげること 75

8講次 調 べ る ——————————— 79
文献・資料調査

1 概念装置の必要性 ……………………………………… 79

2 本の読み方 …………………………………………… 82

  1 情報として読む 82
  2 古典として読む 83

3 文献・資料を収集する ………………………………… 85

  1 一次資料と二次資料 85
  2 文献・論文の整理 88

9講次 フィールドに行く ——————————— 91
現実を捉える方法

1 研究のデザイン ………………………………………… 92

  1 観 察 93
  2 インタビュー(面接) 93
  3 質 問 紙 96
  4 実 験 96

2　フィールドに入る ……………………………………… 99
  3　記録をとる──事実と解釈を区別する ……………… 101
  4　フィールドへのフォローアップ ……………………… 104

10講次　学び合う ——————————— 105
　　　　　　　　　　　　　議論するためのスキル

  1　学び合いとしての議論 ………………………………… 105
  2　質問の質を高める ……………………………………… 107
  3　論理を分析し構成する ………………………………… 110
  4　学び合うための心得 …………………………………… 112

11講次　深　め　る ——————————— 119
　　　　　　　　　　　　　問いを立てて崩し，つくり直す

  1　探究のサイクル ………………………………………… 120
  2　問いの再構成 …………………………………………… 122
　　　1　一般的な問いを限定的な問いへと再構成する　122
　　　2　問題を分析し，論点を意識した問いへと再構成する
　　　　　124
　　　3　問いの前提を問い直し，まったく新しい問いを立てる
　　　　　127
  3　科学的探究に向かって ………………………………… 129

12講次　論　じ　る ——————————— 135
　　　　　　　　　　　　　探究の総仕上げとして

  1　レポートと論文の違い ………………………………… 135
  2　「先行研究を乗り越える」とは？ …………………… 137

3 「引用」するということ ………………………… 139
4 「論じる」ための視角 ………………………… 140
　1 その理論や人物は何を批判しようとしたのか（何と闘っていたのか）　141
　2 その批判をした際に，その理論や人物に影響したものは何か　141
　3 その理論，人物のユニークな主張はどのようななものか——初期と後期では違うのか　144
　4 その新しく，ユニークな理論や人物に対する批判にはどのようなものがあったか，そこでの論争はあったのか　145
　5 後年，どのような影響を与えているのか，または教育実践にどのように影響したのか　145

Part Ⅲ　教師をめざすあなたへ

13講次　教師の仕事 ——— 153
1 学校教育の目的 ………………………… 154
2 「発達可能態としての子ども」と学校教育 ………………………… 155
3 「教科指導」から探究を生み出す教師の仕事 ………………………… 157
4 高校教師の1週間 ………………………… 159
5 学校組織を運営するという仕事 ………………………… 160

14講次　授業をつくる教師の力 ——— 167
1 豊かな可能性のイメージをもつ ………………………… 168
2 授業を分節化して考える ………………………… 169
　1 教師−教材−子ども　170

2 教科内容 – 教材 – 教授行為　170
　　　3 教育目標・内容 – 教材 – 教授行為 – 教育評価　171

3 発達と学習の主体である子ども ……………………………… 173
　　　1 教育目的をいかに位置づけるか　173
　　　2 子どもの主体的に学ぶ内容をいかに位置づけるか　175
　　　3 授業への子どもの参加をいかに促すか　176

4 教育の主体である教師 ………………………………………… 177

15講次　教わる立場から，教える立場へ ─── 181

1 ある教師による教員生活の振り返り ………………… 182
2 「適応的熟達者」としての教師 ……………………… 185
3 「教わったように教える」ことを自覚する ………… 187
4 探究し，省察する ……………………………………… 188

事項索引　193
人名索引　199

コラム

① 大学入試改革の動向　6
② ポートフォリオをつくってみよう　9
③ 情報収集のアンテナを張る　70
④ 技を駆使して求める資料に出会う　86
⑤ インタビューをしてみよう　94
⑥ アンケート（質問紙調査）をしてみよう　97
⑦ レジュメの書き方　113
⑧ 「深い学び」とは何か──「高い」「深い」「広い」　126
⑨ 留学では何を学んだか　130
⑩ 卒論奮闘記──試行錯誤のテーマ選び　142
⑪ 卒論奮闘記──卒論の探究的プロセス　146
⑫ 実践記録　161
⑬ 研究方法論　190

本書のコピー，スキャン，デジタル化等の無断複製は著作権法上での例外を除き禁じられています。本書を代行業者等の第三者に依頼してスキャンやデジタル化することは，たとえ個人や家庭内での利用でも著作権法違反です。

第1講 探究的学びのすすめ

1 高校までの勉強と大学の学びの違い

　大学に入学して，まず思うことは「高校までの勉強」からの解放感でしょう。しかしその一方で物足りなさ，そして「大学での学習」への不安や違和感を覚える人も少なくないようです。解放感とは，（入学した大学や専攻する学部，学科により違いはありますが）大学では高校までのように所定の「時間割」があってそれに沿って勉強するのではなく，自分で1週間の「時間割」を組めるということです。このことは，自分の学びの履歴となるカリキュラムをつくること——が求められているということです。ただし，実際のところ，自分で「時間割」を組むといっても，本人の自由に完全にゆだねられているわけではありません。入学した大学，専攻する学部，学科において，「必修」科目や卒業に必要な単位数や科目群が決められている場合が多いのですが，そのことを念頭において，時には物知りの先輩の助言（単位が比較的取りやすい「楽勝」科目のアドバイス等）も参考にして，自分の興味・関心に応

じたカリキュラムをつくることが可能となるというわけです。高校までの「勉強」は（この「勉強」ということばの語源には「強いて」「無理して」というニュアンスがありますが），10分程度の休み時間を挟んでさまざまな教科がびっしりと配置されていて，自分の興味・関心はさておき，それらの教科をほぼ45分で次々とこなしていくシステムであり，「大学での学習」とは異なります。取得する科目が1週間の時間割に隙間なく万遍なく配置されていた高校とは違って，大学では曜日によっては午前，午後の時間割に空白（この空白の時間は，実は大学の講義のための予習，復習に充てるために設置されているものですが）が生まれることもあります。またある科目については1週間ごとに開講されるということが少なくないわけですが，高校までの勉強のシステムにすっかり馴化している者にとっては，解放感というよりも何か物足りなさを感じてしまう人もいるでしょう。

　さらに，大学の講義では，担当の先生によって「教科書」の購入を求められることがあります。しかし，多くの場合，その「教科書」を棒読みして，講義が進められるのはまれなことです。「教科書」はあくまでも参考書程度で，講義では担当の先生の「自説（研究成果）」が滔々と語られ，自分はこの講義で何を習得すればよいのか，もう少し率直にいえば，何を知識（正解）として暗記すればよいのかと，大きな不安をもつことがあります。その不安は，大学での試験において，「何々について論じよ」「このことについて意見を述べなさい」という出題が多いことで，いっそう強まります。どうも，担当の先生が講義中に語ったことを再生するだけではだめなようだということだけはわかってくるわけです。

そのような不安に拍車をかけるのが，時々話しかけてくる先輩（多くは院生たちですが）から，「君が興味をもっているテーマは何ですか」，もっと直接に「君の研究テーマは何ですか」と聞かれることです。高校ではテーマ学習に近い「総合的な学習」を少しは経験していても，やはり「教科学習」を中心とする受験勉強が中心であった者にとって，まして大学に入ったばかりの学生にとっては，「研究テーマ」を聞かれても，答えようがありません。というのも，「テーマをもつ」ということ，「研究する」ということについて，そのイメージがほとんどできていないからです。

　以上の違和感や不安は，実は「高校までの勉強」と「大学での学習」との違い，または大学教育に求められる，「探究的な学び」を奨励するという文化の特質から発していることに気づいたのですが，それは後年になってからです。つまり，大学教育に求められる「探究的な学び」を奨励する学習観と「勉強とは，教科書という形で誰かがすでに決めていた内容を習得することであり，そこには正解とされる知識（正答主義と呼称）が書かれてあり，それを効率よく暗記すれば（暗記主義と呼称），よい成績がとれる」という高校までの学習観との断絶です。この違いの深さにともなう挫折は，高校までの「学校秀才」に多く起きるということ，そしてめざす大学に入学しても不完全燃焼のままで卒業する学生も多いことを，大学教員の立場から何度も見聞きしてきました。そこで，この断絶を乗り越えるために，大学に入る前からの「探究的な学び」を育む提案をしてみましょう。

2 「探究的な学び」を育むための提案

1 本を読むということ

　読者の中には,現在,大学受験勉強中という方も多いでしょう。その皆さんに質問です。自分の本棚に受験参考書以外の本（自分のお小遣いで購入した本）はどの程度ありますか。好きなアニメ本や小説本なら少しは置いてあります,という答えが多いと思います。何より,受験勉強に必死になっている最中に,その他の読書をする余裕なんてありませんよ,と反論されそうです。

　ここでひとつ大切な情報をお知らせします。前節で述べたように,「高校までの勉強観」と「大学の学習観」の断絶があまりに大きいので,そのギャップを解決する1つの方法として,大学入試の方法を変えてみようとする動きがあります（資料1-1,コラム①参照）。

　そこでは,受験生が,どの程度知識を暗記しているかをみる従来の入試とは違って,その知識を「活用」して考えさせるような問題や,「活用する力」を含めて大学で必要となる「探究的な学び」をどの程度実践できるのかを問う問題（「パフォーマンス評価」と総称）を出題してみようとする動きです。たしかに,「高校までの勉強観」を変えるためには,大学入試のあり方を変革することはインパクトがあります。ただお断りしておきたいのは,このような情報をお伝えしたのは,新しい入試制度に対して,今までのような受験対策を変える必要があるということを強調するため

資料1-1 大学入試改革に関する記事

大学入試 脱「知識量」
プレゼン力・資格も評価
中教審が改革答申案

大学入試改革を議論している中央教育審議会（文部科学相の諮問機関）は24日、大学入試の選抜方法の改革を促す答申案をまとめた。年内にも答申される。知識量を問う「従来型の学力」から、知識量を活用し自ら課題を解決できる能力を見る入試に改める。早ければ今の高校2年生が対象となる2016年度に実施される入試から導入する。現行の大学入試センター試験も選抜方法が変わる。

答申案は、センター試験や個別試験のいずれも知識偏重で1点を争うテストから、知識の活用力や思考力を評価する入試に「強力に推進する」とした。

個別試験の改革は「記述式、論述式」とし、各大学には、求める人物像を示した基本方針を必ず策定することを求めた。これには、改革の取り組みに応じて補助金を出すなどの必要性を指摘した。

記述試験の点数ではなく、志望理由書や面接、プレゼンテーション能力、部活動などの実績・資格試験の成績などを組みあわせて選抜するよう提言した。学力を測るテストとしても複数の資料としても使用できる。

高校2年、3年で複数受験とし、19年度から始める。

高校生の就職活動などにも使える新テストは「高校基礎学力テスト（仮称）」とし、結果は大学受験の資料としても使用できる。

「思考力・判断力・表現力」を評価する「大学入学希望者学力評価テスト（仮称）」に変える。このため、国語と理科など複数教科を合わせた問題や記述問題を導入し、各大学には試験結果の活用を勧める。こちらは20年度から「複数回」の実施を検討している。

一方、センター試験は、英語について専門家らが検討を進めるが、具体的な内容についてはTOEFLなどの民間試験の活用も議論されていた。

知識の暗記だけでは解けないような「考える力」をみるものに転換することを提案。学力水準の判定とともに、面接や高校時代の活動歴なども評価する大学入試のあり方を、中央教育審議会が改革案を議論していた。

政府の教育再生実行会議が昨年の議論を踏まえ、「意欲・適性などを多面的、総合的に評価する大学入学者選抜制度」を同年10月に提言した。センター試験は、その試験を受け、中央教育審議会が改革案を議論していた。

（高校入）

大学入試改革

（出所）『朝日新聞』2014年10月25日付朝刊（提供：朝日新聞社）

ではありません。実際に、大学で求められる「探究的な学び」は、一夜漬けで育成されるものではなく、高校時代までに総合的な学習などを通じて育成されるべき学力であり、その学力は21世紀に生きる力（「21世紀型スキル」とか「21世紀型能力」と呼称）としても、また本書Part Ⅲで詳しく語られる「探究する教師」になるためにも求められているものなのです。そして、もう1つ確

コラム①　大学入試改革の動向

　2017年現在，大学入試については，「知識の暗記・再生や解法パターンの適用の評価に偏りがち」であったり，一部では「『学力不問』を揶揄されるような状況も生じていること」が問題視され，「知識・技能」「思考力・判断力・表現力」「主体性をもって多様な人々と協働して学ぶ態度」を多面的・総合的に評価するものへと変えるための改革が進められようとしています。具体的には，従来の大学入試センター試験に代わって，記述式の問題も出題する「大学入学希望者学力評価テスト（仮称）」の2020年度からの導入が模索されています。また個別入試でも，「自らの考えに基づき論を立てて記述させる評価方法」（解答の自由度の高い記述式や小論文など）「高校時代の学習・活動歴」「エッセイ」「大学入学希望理由書，学修計画書」「面接，ディベート，集団討論，プレゼンテーション」といったさまざまな評価方法を用いることが推奨されています（高大接続システム改革会議「最終報告」2016年3月31日）。

　このような改革が進められている背景には，少子化により大学全入時代を迎えたことに加え，グローバル化や情報通信技術の革新など，現代は急激に社会が変化する時代であるという認識があります。教育目標の設定において，従来であれば幅広い知識や技能を習得することが強調されていたのに対し，知識や技能を活用して問題解決にあたる力や多様な人々と協働しながら新たな価値を創造する力などが重視されるようになっているのです。それにともない，大学入試においても，パフォーマンス評価を用いることが追求されています。パフォーマンス評価とは，知識やスキルを実際に使いこなすことを求めるような評価方法をさしています。

　すでに，いくつかの大学においては，パフォーマンス評価を活用するタイプの入試が実施されています。たとえば，東北大学・九州大学のAO入試，筑波大学のAC入試，京都工芸繊維大学のダビンチ入試，京都大学の特色入試などは，書類選考と各種の課題を組

み合わせた入試となっています。これらの中には，中学校や高等学校で取り組んだ「探究的な学習」の成果など，詳細な資料を添付することが求められている例もあります。つまり，受験生たちは，そういった資料をポートフォリオ（コラム②参照）などに蓄積しておくことが必要となります。

このような新しいタイプの入試は，受験生になぜ大学に行きたいのか，大学で何を学びたいのかを明確に考えることを促します。入試において受験生の学力や資質・能力を多面的・総合的に評価することによって，高等学校の教科教育でもパフォーマンス評価が推進される，「総合的な学習の時間」（2018年改訂〔予定〕高等学校学習指導要領では「総合的な探究の時間」）などでの探究的な学習が促進されるなど，高等学校教育の改善に資する波及効果も期待されます。さらには，大学側にも，どのような受験生を受け入れることがその大学にとって適切といえるのか，受験生や高等学校から寄せられる期待に応える大学教育をどう実現するのかを再考させる契機ともなります。より多様な学生を受け入れることにより，大学教育を活性化させる可能性もあるでしょう。

しかしながら，一方では，公正な評価が行われるのか，受験生や大学教員に過剰な負担を課すのではないかといった疑問の声も聞かれます。「大学入学希望者学力評価テスト（仮称）」がどのように実現されるのかと合わせて，その意義や課題を検討していくことが求められているといえるでしょう。

📖 推薦・参考図書
中村高康編『大学への進学──選抜と接続』（リーディングス日本の高等教育①）玉川大学出版部，2010年
読売新聞教育部『大学入試改革』中央公論新社，2016年

認しておきたいのは，高校までの教科の学習で身につく学力（教科学力）と「探究的な学び」で身につく学力（生成学力）は絶対的に矛盾したものではなく，前者の学力を基礎にして後者の学力が

発展的・総合的に育成されるということです。ただし，後者の学力は前者の学力を身につければ自ずと育成されるものではなく，それ独自の学習方法や学習場面が必要とされるということです（コラム②参照）。

　それでは，その独自の学習方法や学習場面として，「探究的な学び」を育成する「本の読み方」を，どのように考えればよいのでしょうか。そこには，どんな本を選び，どのような方法で読むのかを考えなくてはなりません。まず，本の選び方です。

　かつての大学では，先輩たちから「1週間に1冊のペースで『新書』を読んでみたらよい」というアドバイスをよくされました。最近，大きな書店に行くと「新書コーナー」があって，そこにはさまざまな出版社から刊行された多種多様な「新書」が置いてあります。

　本来，「新書」というのは，そのテーマに関する碩学が初学者にわかりやすく語る研究入門書として発刊されたものです。かつて，「新書」といえば「岩波新書」しかなく，その中には研究入門書とはいえ，現在ではその分野の「古典」となった「新書」も生まれました。後に，「新書」のコンパクト性に着目して，さまざまな出版社が，時事問題を扱ったものや，実用書，アイドル本までも「新書」として発刊するようになりました。教育関係では，岩波新書，中公新書，講談社現代新書などに，それこそ学問する心を育てる（＝「探究的な学び」を育成する）名著がたくさんあります。

　ちなみに，教育関係の本ではありませんが，最近筆者が感動した「新書」を2冊紹介しておきましょう。速水融『歴史人口学で見た日本』（文春新書，2001年）と大野晋『日本語の源流を求め

コラム②　ポートフォリオをつくってみよう

　探究的に学ぶ際には，学習の履歴を蓄積し，それを振り返って到達点を確認しながら，次の展開を考えることが重要になります。そのために役立つツールとして，ここではポートフォリオ（portfolio）を紹介しましょう。

　ポートフォリオとは，学習者が自分の作品や自己評価の記録，先生の指導と評価の記録などをファイルや箱などに系統的に蓄積していくものを意味しています。ポートフォリオづくりを通して，学習者は自らの学習のあり方について自己評価することができます。また，先生など関係者とともに学習を振り返り，到達点や次の目標を話し合うことも容易になります。大学では，学生自身が自分の学習の経緯や到達点と課題について適切に把握できるよう，自分の学習の足跡を示すようなレポートなどを残しておくことが有意義でしょう。

　ポートフォリオをつくる際には，何のためにつくるのか，目的を明確にした上で，その目的に応じた資料を残しやすいようなファイルや箱などを用意しましょう。たとえば，「総合的な学習の時間」やゼミナールなどで探究に取り組むのに使うのであれば，調査計画や関連資料，自分の気づきのメモや指導教員・仲間などからもらったコメントなどをためていきます。その際，必ず日付と自分の名前，

①高校生のポートフォリオ
（提供：京都府立山城高等学校）

②大学生のポートフォリオ
（提供：大貫守氏）

教育現場におけるポートフォリオの例

資料に関しては出所を書いておきましょう。

ある程度，資料がたまったら，定期的に編集します。種類別に分類したり，構造的に整理したりして，目次をつくります。資料を整理する過程で，忘れていたよい気づきを思い出したり，複数の資料を関連づけることによって新たな疑問点が生まれたりします。そのような気づきや疑問点を次の探究に生かしましょう。

さらに，先生や仲間などに相談にのってもらう場面では，ポートフォリオにためた資料を振り返り，あらかじめ「できたこと」「困っていること」「次にやりたいこと」などを整理しておくことが有効です。先生などからもらったアドバイスも，忘れずにポートフォリオに残して，次に生かしましょう。

最近では，大学入試や資格認定においても学習履歴を示す資料が求められる例も増えてきています。自分で学習した履歴を証拠（エビデンス）として示しつつ説明する機会にも，ポートフォリオは役立つことでしょう。

推薦・参考図書

鈴木敏恵『ポートフォリオ解説書』（全3巻）教育同人社，2003年

西岡加名恵監修『アクティブ・ラーニング調べ学習編——テーマの決め方から情報のまとめ方まで』PHP研究所，2017年

て』（岩波新書，2007年）です。前者は歴史の新しい方法論である人口動態史研究の第一人者が，その学問との出会いを楽しく語っているものです。後者は日本語の起源はタミール語にあるというユニークな仮説を唱えた著名な国語学者が，その仮説をおもしろく実証しているものです。学問する心を大いに刺激するものでしたが，あなたも大きな書店の「新書コーナー」に行けば，必ずあなたの「新書」が見つかるはずです。さらに欲をいえば，好きな，もしくは気になる研究者や作家に出会うことができたなら，その

研究者や作家の文献をまとめて系統的に読み込むことをすすめたいと思います。

次に読書論に話を進めます。まず，経済史家の内田義彦が読書を「情報として読む」と「古典として読む」に分けていることが参考になります。「本を読む」というテーマをみた瞬間から，「本を読むぐらいなら，ICT時代だから，ほとんどの知識や情報は，インターネットを使えば簡単に入手できるのに」と思われた方も多いのではないでしょうか。内田は，そのように知りたいこと，調べたいことを獲得するために読書することを「情報として読む」と表現しています。それに対して自分のものの見方や考え方を鍛えるために（「探究的な学び」のために）読書することを「古典として読む」と区別して，この後者の読み方が衰弱しつつあると指摘しています。

本書では，さらにこの「古典として読む」のプロセスを，「本を読む」「本で世界を読む」「自分の本を創る」の3つの様相に区分して捉えることを提案したいと思います。この中で大切なことは「本で世界を読む」ことでしょう。たとえ，本を読んで感動したとしても，その内容を無批判に棒暗記する（このことを「論語読みの論語知らず」といいます）だけでは本を読んだことにはなりません。できれば感動した点や深く納得した点をノートにとりながら，その本と対話し，格闘しつつ，実際の世界（自分の学習経験や生活経験とも）と往還しつつ，その本のもつ核心に迫っていく。それが「本で世界を読む」ということです。そして，テーマをもつ「探究的な学び」を行う中で，自分のものの見方・考え方をさらに鍛え，最終的には「自分の本を創る」ことをめざすべきでしょう（この点については11講次参照）。

2 外国語の1つをマスターすること

　また,「探究的な学び」を育成することに関連して,ここでは外国語をマスターすることをおすすめしたいと思います。これらが,どんな関係にあるのだろうと訝(いぶか)しく思う人もいるでしょう。実は明治時代から,なぜ外国語を学ぶのかをめぐって,繰り返し論争が起こっています。それは,外国の文化や風習を学ぶためと考える「教養としての外国語教育」派と,外国の人たちと自由にコミュニケーションをする力を養成するためと考える「コミュニケーションのための,またはそのための道具としての外国語教育」派との間の論争でした。グローバル化が叫ばれている現代では,やや後者の目的のほうが優先されているといえるでしょう。

　しかし,本書では前者の目的に着目するとともに,さらには,外国語を学ぶことが「探究的な学び」に不可欠な「ことば」への鋭敏さを養うことにもつながることを指摘したいと思います。たとえば,大学では「講読演習」という時間があります。そこでは,専門的な外国語文献を教員と受講生が協働して読み込んでいきます。なかなかハードな作業ですが,おそらく日本語で書かれた本を読んでいただけでは気づかなかった「語法やことば遣い」を発見して,参加者一同で納得するという場面が多く生まれます。すると,知らず知らずのうちに,自分たちの使っている日本語にも鋭敏になっていきます。ここでは外国語を例に,「ことば」の問題に絞って,3点ばかり指摘しておきます。

　まず1点めは「用語」と「概念」の区別の問題です。教育の世界は誰もが毎日経験している世界ですから,それを対象とする教育学においては,そこで使われる学術的なことばが日常世界と

地続きとなり，学術的な用語と日常語が入り乱れる場合が多く起こります。簡単にいえば，教育問題（たとえば，体罰問題とかスマホ問題など）の検討や論争に，教育の専門家ではない一般の人も大学で教育学を専門に研究している先生も誰もが参加できます。このことは，学問が，象牙の塔の住人に独占されるのではなく，健全に発展していく上では大切なことです。

たとえば，「いじめをなくすにはどうしたらよいのか」「これから必要になる学力は何か」というテーマを出すと大論争に発展する可能性があります。その論争をよく聞いてみると，「いじめ」や「学力」という同じことば（「用語」）でも，それを使っている人によって意味内容（「概念」）が異なることが原因で，論争が起こっている場合が多くあります。「探究的な学び」を深めていくためには，この「用語」と「概念」の区別を意識し，教育学が培ってきた「概念」をしっかり吟味してみることが大切です（「概念」については8講次でも詳述します）。たとえば，英語では日本語の「評価」は"evaluation""assessment""appraisal"という「用語」が使い分けられますが，それらの「概念」は「用語」が異なるように微妙に異なります。

2点めは，パラグラフへの鋭敏さです。たとえば，先の「講読演習」では，受講生に1パラグラフごとに訳出してもらいます。すると，専門的な外国語文献においては，「1パラグラフに1つの説明・主張」が明確に意識されて書き分けられていることに気づきます。もちろん，この点は文書作成の基本ですが，論文を書くとなると，意外と無視されます。ひどい例ですが，1パラグラフに複数の意見が含まれてしまい，1パラグラフが400字を超えるようなレポートや論文に接すると，この人はこのテーマに関し

て論理的,または構造的に把握していないという印象を読者に与えてしまうでしょう。

3点めは「接続詞」への鋭敏さです。「パラグラフ」を意識できるようになると,このパラグラフ間の関係にも気をつけることができるようになります。この関係を決めるのが「接続詞」です。英語では"but"と"however"という接続詞がよく出てきます。この2つの接続詞は同じように訳されがちですが,その意味内容は異なります。

このように,接続詞を意識すると,その人がどの程度論理的,または構造的に思考しているのかがわかります。レポートや論文などを読んでいて,「そして」という接続詞ばかり使われていると,その人の思考は平板と受け取られることでしょう。これは,小学校でなされた有名な実践例ですが,子どもたちの発言に「たとえば」(抽象→具体)とか「つまり」(具体→抽象)という接続詞が使われるようになると,その子どもは「抽象と具体」の世界を往還できている(つまりよく理解している)と判断してよいと報告されています。

このように1つの外国語をマスターする効用として,「ことば」を使用する上での鋭敏さが養われるということも意識しておいてほしいと思います。

3 真面目に議論できる友人をもつこと

大学教育では,その教育形態として,講義,演習(ゼミ),自主的な学習会という質の異なる学びの場があります。とくに演習や自主的な学習会においては,自分とはタイプの違う他者との対話や議論から,学ぶことが多いものです。この場合の対話や議論

とは,「話し合い」というレベルから「討論する」というレベルまで多様にあります。高校までの勉強では,自分の愛読書について,または時事的な問題について友人と議論することは少ないでしょう。そんな話題を出して討論にでもなると,友人との仲間内のおしゃべりを壊してしまうのではないかと心配になります。

　しかしながら,大学では,とくに演習や自主的な学習会の場においては,参加者と読んだ本について,またはあるテーマについて議論することが多く求められます。最初は,こんな発言をするとみんなに馬鹿にされるのではないかと思い,躊躇してしまいます。真面目に真剣に議論する文化的習慣があまりない日本では,とくに議論すること自体が何か気恥しく思えるものです。しかし,何回かこういう議論を経験すると,その本の筆者が主張している点をめぐって,自分が「正答」と考えていたことに対して批判や否定をされ,その論拠を聞いてみると,「なるほどそんな読み方もできるなあ」と納得・感心するということが起こります。そうすると,なぜ彼はこのような読み方をするのだろうかと考えるようになります。この「他者感覚」「他者認識」の醸成こそ「探究的な学び」を深めていく推進力となるのです。高校時代にも,少し真面目に議論できる友人をもつことをおすすめします（この点については 10 講次でさらに詳しく解説します）。

推薦・参考図書

石黒圭『文章は接続詞で決まる』光文社新書, 2008 年
内田義彦『読書と社会科学』岩波新書, 1985 年
世界思想社編集部編『大学新入生ハンドブック』世界思想社, 2014 年
高橋源一郎編『読んじゃいなよ！──明治学院大学国際学部高橋源一

郎ゼミで岩波新書をよむ』岩波新書，2016 年
本多勝一『中学生からの作文技術』朝日新聞社，2004 年
丸山真男『「文明論之概略」を読む』（全 3 冊）岩波新書，1986 年
宮村治雄『丸山真男「日本の思想」精読』岩波現代文庫，2001 年

Part I

教育問題の問い方

第2講 早期教育
何ごとも早い時期から教えたほうがよいのか？

はじめに

「ピアノや英語の学習はできる限り早く始めたほうがいい」「小学校に入る前に数字やひらがなを書けるようにしておかないと」といった具合に，ほかの子に後れをとってはいけないと早期教育を考える親御さんも多いでしょう。また，「子どもの○○は××歳までで決まる」といった言説がそうした不安をあおり，「英語力がつきます」「絶対音感がつきます」といったうたい文句の幼児教室なども散見されます。

たしかに，幼児期の環境の重要性や幼児教育への投資の必要性は，さまざまな実証研究が示しているところです。しかし，何ごとも早い時期から教えたほうがよいのでしょうか。逆に，そうして学習を早期に始めることの弊害はないのでしょうか。幼児教育を真に重視するとはどういうことなのでしょうか。ここではこれらの問いについて考えてみましょう。

1 早期教育の盲点

小学校に入学する前に，数と文字を教えておかないと学校で子

どもが困るのではないかという声をしばしば耳にしますが、就学前に数や文字を教えることの落とし穴にも自覚が必要です。2つの例を紹介しましょう。

1つ目は、早いうちにできる限り数を教えたほうがよいという考え方です。親子でお風呂に入っているとき、「○○まで数えたらお風呂から出ていいよ」と親が言って、子どもが、あるいは親子一緒に数を数え、それで数を教えようとすることはよくある光景でしょう。いわゆる「お風呂場算数」です。

しかし、こうしたお風呂場算数で100まで数えられるようになっても、それで100までの数がわかったということには必ずしもならないことには注意が必要です。「数」とひと言でいっても、「前から2番目」のような順序数の意味と、「りんごが2個」のような集合数の意味があります。お風呂場で100まで数を数えられるといった場合、それは順序数として呪文のように数を覚えたということであって、必ずしも100という数の量（大きさや多さ）のイメージをもてていることを意味しないのです。

数を数えるという行為自体は、数概念の発達には重要です。しかし、その後の算数の計算する力につなげていくには、順序数をベースにした「数え主義」を乗り越えていくことが、小学1年生には達成すべき課題となるのです。数え主義において5＋3を計算するには、1, 2, 3,……と指折り数え、5の次は6、6の次は7と順に答えを探り、8と答えを出さなければなりません。このやり方では、数を現実世界と結びつけて捉えることができず、大きな数の計算にも展開できません。これに対して、量を基本に据えるなら、5＋3はりんご5個とりんご3個を合わせる場面といった具合に、視覚的にイメージされるので、大きな数でも計算の

意味を捉えることが可能になります。

　そうして量から数を抽象する上で重要なのが，1対1対応の理解です。たとえば，お客さんが5人来たときにお皿が5枚必要だと考える。そんな日常生活のひとコマに，1対1対応は埋め込まれています。『カレーを作れる子は算数もできる』というタイトルの本がありますが，日常生活の何気ない経験の中にこそ，数学的な思考の芽はあるのです（木幡，2006）。

　2つ目に考えたいのは，早いうちに文字を教えたほうがよいという考え方です。小学校に入る前に，ひらがなやカタカナ，さらには漢字も，読めるだけでなく書けるようにしておきたい。そのように思って程度の差はあれ，文字の練習をさせる親御さんも多いと思います。

　たしかに，早くから文字を習得し，次々と自分で本を読み進めることで，早い段階で書物の中にある膨大な知の世界にアクセスし，世界を広げていくことができるかもしれません。その一方で，文字を知らないからこそ経験できる豊かな体験やことばの経験があることにも目を向ける必要があります。

　子どもが絵本を楽しむとき，どんな楽しみ方をしているのでしょうか。それは文字で表現された内容のみを頭で楽しむのでしょうか。そうではなく絵本ですから，絵を目で楽しむということはすぐに思い浮かぶでしょう。文字のほとんどない絵だけの絵本もありますが，それは絵とレイアウトや場面構成で，子どもたちを絵本の世界に引き込みます。むしろ文字がないことで，あるいは文字が読めないことで，絵から内容を推測しようとしますし，多様な解釈やストーリーの可能性が生まれ，イメージが喚起されるのです。絵本の装丁や質感などから，視覚や触覚で味わう部分も

あるでしょう。さらに，読み聞かせなどの際，耳で味わいつつ，親子で対話することで，イメージの世界が大きく広がり，そうした情動体験をともなう豊かな経験を通して，文字以前のことばの経験や意味をともなった豊富な語彙の獲得が促されるのです。

　実際には，就学前に，絵本を読んだりする経験の中で，多くの子どもたちは意識的に教えられなくても，多少なりとも文字を読んだり書いたりできるようになっています。しかしそれらの多くは，上記のような豊かなことばの経験の副産物として結果としてそうなるというものであって，文字の読み書き自体を直接的に教わりできるようになることとは異なります。

　発達研究の中で，小学校の国語の成績と，就学前に家庭や習い事で文字の読み書きを学習しているかどうかはあまり相関がないといわれています。たとえば，就学前に漢字を教わった子とそうでない子との差は，小学校2年生くらいには消失することが示されています（内田，1999）。むしろ国語の成績と相関が高いのは語彙力であることが示されており，文字の学習以上に豊かなことばの経験の重要性を物語っているように思います。また，就学前に文字が書けることにこだわるあまりに鉛筆の持ち方が自己流だったりすると，小学校に入学した後でその癖を修正することが難しいということを指摘する教師もいます。

　以上のように，幼児期の環境が重要であるにしても，小学校以降の内容を前倒しするような先行学習を行うことが必要という意味ではなく，日々の遊びや生活の質が大切だということがみえてくるでしょう。むしろ先行学習は，発達段階のその時期だからこそ可能になる学びの経験を奪ってしまう可能性もあるのです。

2 「発達段階」という考え方

　幼児教室の宣伝文句などで，先行学習としての早期教育の必要性が説かれるとき，しばしば科学的な根拠として「臨界期」や「発達段階」といったことばが登場します。発達は段階的に積み上がっていくのであって，そのステップを早くたどらせたほうが有利になる，あるいは，早期に経験しないと取り返しがつかないことになる。このように言われると，親なら焦ってしまうところですが，こうした発達の捉え方は，本当にこれまでの発達研究の知見を正しく反映しているものなのでしょうか。「臨界期」や「発達段階」という概念について少し掘り下げてみていきましょう。

　臨界期とは，人間や動物の発達の過程で，その期間に特定の経験が与えられないと，後の生理的・心理的なある機能の発現が抑制されたり，反対に促進されたりする期間のことをさします。カモなどを人工孵化させた後，生後何時間以内かに動く物体に接触させると，以後その物体を，それがカモであろうとなかろうと，親として追尾するようになる刷り込み（刻印づけ）は有名な例です。

　たしかに，特殊な機能や能力について，たとえば絶対音感については6歳までが臨界期だとする見解が有力ですが，人間の発達については，厳密な意味での臨界期は存在しないと主張されることが多いのです（臨界期ではなく敏感期という用語が用いられることが多い）。むしろ人間の発達については，その柔軟性のほうが際

立っています。臨界期があるとされる第二言語の習得も，ネイティブ並みの自然な発音の習得については，早期の臨界期の存在が主張されていますが，文法能力など言語能力のほかの側面では，思春期以降でも高いレベルに達することができるとされています。まして，早期の知的トレーニングなど，多くの早期教育が対象とする諸能力について，臨界期の存在は裏づけられていないのです。

人間は，本来は21カ月で誕生すべき新生児が約10カ月で，つまり本来の出産時期よりも早く未発達のまま生まれるといわれています（生理的早産）。人間は二足歩行により神経系の高度な発達を実現するのみならず，言語を得たことにより，複雑な社会システムや文化を発展させてきました。こうした人間世界に適応する上で，母胎内での完成度よりも，出生後の身体機能・精神機能の伸び代を優先したのが，生理的早産の意味でしょう。とくに感覚や言語の発達を促進する臨界期の存在は，人間が遂げた生物進化の飛躍を成し遂げるために，人間の子どもに生まれながらにして等しく与えられた生得的基盤とみることができます。

すなわち，臨界期や敏感期の存在は，それを「環境次第で特異な才能を伸ばし得ると考え，不自然な介入によって非凡な能力をめざすもの（プラスの獲得）」と捉えるよりも，「子どもたちが人間らしく発達していくために，健康で安全で安心できる物理的・社会的・心理的環境が崩れていないかどうかを問うもの（マイナスを防ぐもの）」と捉えるべきでしょう。

同様に，発達段階という発想も，人間が人間らしく発達していくための仕組みと考えるべきでしょう。有名なピアジェ（Piaget, J.：1896-1980）の発達段階論は，知的発達において2つの質的な飛躍の時期の存在を示唆しています。1つ目は，7, 8歳頃に訪れ

る前操作期から具体的操作期への移行期です。見た目に思考が左右されがちであった子どもたちも，この時期になると，具体物を使って操作したり（手や頭を働かせたり）イメージしたりできる事物や事象に関してなら，筋道立てて論理的に思考できるようになります。

　2つ目は，具体物を離れても大人のように形式的に論理的に思考できる形式的操作期への移行の時期です。形式的操作期への移行は12歳から始まって15歳くらいまでに完成するとされますが，それに先だって，具体的操作期後半，9,10歳頃に，より抽象的な思考への飛躍が起こるとされています。実際，小学校4年生くらいに勉強についていけない子が増えるなど，そこに発達の節目があることは，経験的にも実践的にも広く認識されており，「9,10歳の壁」などと呼ばれてきました。このように書くと，9,10歳の壁に向けて，早期から抽象的で形式的な思考に慣れさせないといけないと思われるかもしれません。

　しかし，これまでの研究や実践の蓄積が教えてくれるのは，むしろ具体物の操作や経験を手がかりに豊かに思考することを量質ともに充実させることの重要性です。思考は，紙の上で文字の世界でなされるだけではありません。前節で述べたように，むしろ思考の基本的な様式は，具体物の操作や身体活動や生活経験の中で形成されていくのです。この点に関して，筆者が友人と幼少の頃何で遊んだのかを話していて，それが互いの思考の様式ときれいに符合することを感じたことがあります。レゴブロックでよく遊んだという友人は，設計図に沿ってパーツを組み合わせて順序よく組み立てていくように，部分から全体へと論理的に思考するタイプで，粘土でよく遊んだ筆者は，1つの塊から細部を柔軟に生み出していくように，全体から部分へと直観的に思考するタイプという具合です。

また，9,10歳の時期は，大人から干渉されない子どもたちだけの仲間集団を形成する時期（ギャングエイジ）でもあり，そういった親からの自立に向かう経験は社会性や人格面での発達を促し，自分の頭で考える論理的思考への飛躍を支えるという面をもっているともいえます。

　具体的にしか思考できないということは，大人と比べて未熟と捉えることもできますが，むしろ具体的にしか思考できないからこそ，イメージの世界で豊かに考えたり，論理の飛躍に対する敏感さを磨いたりすることもできるのです。発達段階のそれぞれの時期は，大人になるための手段や過渡期としてではなく，それ自体完結した価値やかけがえのなさをもつものといえ，その時期にこそ可能な世界にどっぷり浸る経験を保障することがまずは大切です。

3　おわりに——さらなる探究へのいざない

　人間の発達の自然な流れに沿った，子ども期ならではの豊かな経験の意味を述べてきましたが，受験の早期化など，現在の社会システムはそれを許さない傾向があります。しかし，すでに述べたように，一見効率的にみえる先行学習が，実際には効果が薄く，むしろ別の困難を生み出してしまうこともあるので，大人の側が，急がば回れの姿勢で見守る視点を忘れてはなりません。また，特殊な作戦と技を要する競技練習のような受験対策に取り組むにしても，人間としての根っこの部分（思考力，社会性，人格）の発達を疎外しない程度に，むしろそことのつながりを意識しながら，

うまく付き合っていくことが大事でしょう（糸山, 2003）。

人間発達という観点から，早期の英語教育をその必要性も含めてどう考えればよいか，臨界期の存在が指摘される音楽や芸術などの学習についてはどう考えればよいか。具体的な実践事例も併せて探究してみましょう。

📖 推薦・参考図書

糸山泰造『絶対学力──「9歳の壁」をどう突破していくか？』文春ネスコ，2003年
内田伸子『発達心理学──ことばの獲得と教育』岩波書店，1999年
小西行郎『早期教育と脳』光文社新書，2004年
木幡寛『カレーを作れる子は算数もできる』講談社現代新書，2006年
藤永保『幼児教育を考える』岩波新書，1990年
無藤隆『早期教育を考える』日本放送出版協会，1998年

3講次 学力低下
ゆとり教育は学力低下を招いたのか？

はじめに

「子どもたちの学力が低下している」，2000年頃からそんな声が聞かれるようになり，「学力低下」が社会問題になりました。ちょうど「学力低下」が叫ばれる中で育ってきた大学生たちの中には，「自分たちはゆとり教育を受けてきたから，あんまりものを知らない」と，ネガティブな自己評価をもっている者も少なからずいました。また，大学の授業で『百ます計算』をやったことがある人？」と尋ねると，ある時期から教室のほぼ全員が手をあげるようになりました。「学力低下」キャンペーンが，教育現場の教師のみならず，保護者や社会の大人たち，そして子どもたちに大きな影響を与えたことがみてとれます。

しかし，そもそも「学力低下」といっていたときに，何が問題になっていたのか。「ゆとり教育」が「学力低下」を招いたのか。そもそも低下したとされる「学力」とは何なのか。ここでは，こういった問いについて考えてみましょう。

1 「学力低下」問題の真相

　まず、「学力低下」が叫ばれた経緯を確認しておきましょう。発端となったのは、1998年に改訂された小・中学校の学習指導要領です。そこでは、「生きる力」を育むために、教科の内容や授業時数を減らして、「総合的な学習の時間」を実施することなどが示されました。「台形の面積の求め方を教えない」「円周率は3でいい」といった、やや単純化された情報がマスコミ等でも取り上げられました。

　これに対して、「そんなことをしたら学力が低下するのではないか」という不安が広がり、西村和雄ほか編『分数ができない大学生』（東洋経済新報社）（小学校レベルの計算が全問正解できない私立大の経済学部の学生が2割程度いたといった内容）の刊行をきっかけに、大学生の学力低下問題も指摘される中、それまでの義務教育段階での教育課程政策についても「ゆとり教育」として批判されるようになったのです。

　この「学力低下」への不安は社会に広まり、改訂されたばかりの学習指導要領も実施直前に、一部改正されることになりました。そこでは、学習指導要領は最低基準だから台形の面積の求め方なども扱ってよい、基礎学力の定着を図るべく習熟度別指導を導入しようといった、学力向上を意識した内容が盛り込まれたのです。「百ます計算」がはやり出したのもこの時期からでした。ただし、この時点では、「学力低下」を裏づける確たるエビデンスが必ずしもあったわけではありません。

これに対して,「学力低下」問題の第二波となったのが, 2004年に公表された国際学力調査の結果です。とくに, OECD（経済協力開発機構）の実施している PISA 調査（高校1年生を対象に, 読解, 数学, 科学について, 現代社会が求める知識・技能を実生活で活用する力を評価するもので, 2000 年から3年おきに実施）の結果, とくに読解力に関して, 得点や順位の低下がみられたことは, 日本の教育界に「PISA ショック」をもたらしました。PISA ショックを受けて, 次の学習指導要領改訂の議論も進み始め, PISA 型の学力やテスト問題を意識しながら, 2007 年度からは全国学力・学習状況調査（「知識」問題だけでなく「活用」問題も出題する）が実施されるようになり, 2008 年には,「確かな学力」をキーワードに, 学習指導要領が改訂され, 教える内容や授業時数も増加することとなりました。

　一連の「学力低下」問題の経緯をみてみると,「最近の若者は知識が不足している」といった単純な話ではないことがわかるでしょう。大学生の学力低下問題にしても, それが本当に学力低下といえるものだったのか, また, それは小・中・高の教育の問題というより, たとえば, 受験科目で数学を課さないことが原因ではないかといった疑問もわいてきます。たしかに, 1977 年版学習指導要領以降, 教える内容は減らされてきました。しかし, 2002 年から小・中学校で実施された学習指導要領で教育された子どもたちを「ゆとり世代」と呼び, 論争時には実施されてもいなかった「総合的な学習の時間」などを「学力低下」と結びつけたりすることは妥当とはいえず, イメージ先行で「学力低下」が問題にされた感があります。

2 学力問題をよみとく4つの視点

　日本の子どもたちの学力に，何の問題もないかというとそうではありません。では，問題とすべき点はどこに見出すことができるのでしょうか。これについて，「学力低下」を決定づけたといわれる2003年のPISA調査の結果から考えてみましょう。

　そこでは日本の子どもたちのどのような学力形成上の課題が明らかになったのでしょうか。以下の4つの視点，すなわち，①学力水準（当該集団の平均値が高いか低いか），②学力構造（どのような学力の質や中身に課題があるのか），③学力格差（子どもたちの学力がどのように分散しているか），④学習意欲（子どもたちは学習に能動的に取り組もうとしているか）を念頭において，学力調査の結果をよみといてみましょう。

　図3-1，図3-2は，これまでのPISA調査の平均得点および順位や習熟度レベル別割合の経年変化です。2000年調査と2003年調査を比べてみると，まず日本の学力水準について，図3-1のように，読解力では，順位の低下がみられます。他方，数学と科学については，2006年調査では低下傾向がみられるものの，2003年調査の時点では，世界的に高い水準にあったといえます。

　次に，学力構造という視点から考える際に，もう1つの国際学力調査であるIEA（国際教育到達度評価学会）のTIMSS調査（小学4年生と中学2年生を対象に，学校で履修済みの算数・数学と理科の学習到達度を問う）において，日本の子どもたちの学力水準は2000年代以降も一貫して高いという事実は示唆的です。そこか

図 3-1 平均得点および順位の推移

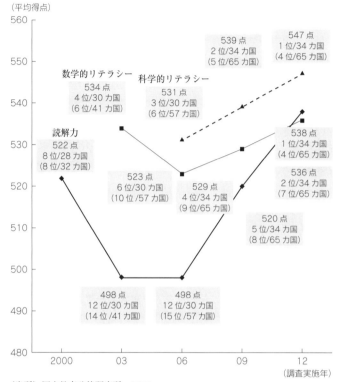

(出所)国立教育政策研究所,2013a。
(注)・各リテラシーが中心分野となった図(読解力は 2000 年,数学的リテラシーは 2003 年,科学的リテラシーは 2006 年)の OECD 平均 600 点を基準値として,得点を換算。
・順位は OECD 加盟国中(カッコ内は全参加国・地域中の順位)。
・数学的リテラシー,科学的リテラシーは経年比較可能な調査回以降の結果を掲載。
・なお,数学的リテラシーについては,2000 年度調査では 557 点で 1 位。科学的リテラシーについては,2000 年度調査では 550 点で 2 位,2003 年度調査では 548 点で 2 位であった(いずれも順位は全参加国・地域中)。

らは，知識・技能の習得を問う従来型の学力よりも，PISA 型の学力に課題があるということがみえてきます。

資料 3-1 は，PISA の読解の問題です。これまで日本で読解問題という場合，指示語の内容を答えさせたり，テキストのキーワードについて説明させたりと，1 つのテキストを細かくよみとっていく問題でした。これに対して，PISA の読解問題では，複数のテキストをよみ比べて，自分の意見を述べることが求められています。また，数学の問題では，メイリンという学生が留学する場面が設定され，通貨の両替に関する計算をしたり，為替レートの変動にともなう損得を判断したりすることを求める問題や，グラフの一部分を示して盗難事件が激増したとする TV レポーターの解説の不適切さ（示されたデータの相対的な意味を無視している）を指摘して，根拠を明らかにしながら説明する問題が出題されています。知識を習得しているだけでなく，それを実生活で活用する力において，子どもたちの学力形成上の課題を見出すことができるのです。

学力格差という点に関して，図 3-2 は，読解で日本はレベル 5 以上の成績上位層の割合が多い一方で，2000 年から 2003 年にかけて，レベル 1 未満の下位層の割合が増加したことを示しています。読解の順位の低下の背景にこうした下位層が生まれたことが関係しているということがみえてきます。学力水準の向上をめざす一方で，そうした下位層の底上げという課題を見落としてはなりません（6 講次「格差」参照）。

最後に指摘しておきたいことは学習意欲に関してです。日本は，数学に対して肯定的なイメージや学習動機をもつ生徒の割合が少ないという調査結果が PISA でも出ています。日本の子どもたち

資料3-1 読解の問題例（落書き）

> 学校の壁の落書きに頭にきています。壁から落書きを消して塗り直すのは，今度が4度目だからです。創造力という点では見上げたものだけれど，社会に余分な損失を負担させないで，自分を表現する方法を探すべきです。
>
> 禁じられている場所に落書きするという，若い人たちの評価を落とすようなことを，なぜするのでしょう。プロの芸術家は，通りに絵をつるしたりなんかしないで，正式な場所に展示して，金銭的援助を求め，名声を獲得するのではないでしょうか。
>
> 私の考えでは，建物やフェンス，公園のベンチは，それ自体がすでに芸術作品です。落書きでそうした建築物を台無しにするというのは，ほんとに悲しいことです。それだけではなくて，落書きという手段は，オゾン層を破壊します。そうした「芸術作品」は，そのたびに消されてしまうのに，この犯罪的な芸術家たちはなぜ落書きをして困らせるのか，本当に私には理解できません。
>
> ヘルガ

> 十人十色。人の好みなんてさまざまです。世の中はコミュニケーションと広告であふれています。企業のロゴ，お店の看板，通りに面した大きくて目ざわりなポスター。こういうのは許されるでしょうか。そう，大抵は許されます。では，落書きは許されますか。許せるという人もいれば，許せないという人もいます。
>
> 落書きのための代金はだれが払うのでしょう。だれが最後に広告の代金を払うのでしょう。その通り。消費者です。
>
> 看板を立てた人は，あなたに許可を求めましたか。求めていません。それでは，落書きをする人は許可を求めなければいけませんか。これは単に，コミュニケーションの問題ではないでしょうか。あなた自身の名前も，非行少年グループの名前も，通りで見かける大きな製作物も，一種のコミュニケーションではないかしら。
>
> 数年前に店で見かけた，しま模様やチェックの柄の洋服はどうでしょう。それにスキーウェアも。そうした洋服の模様や色は，花模様が描かれたコンクリートの壁をそっくりそのまま真似たものです。そうした模様や色は受け入れられ，高く評価されているのに，それと同じスタイルの落書きが不愉快とみなされているなんて，笑ってしまいます。
>
> 芸術多難の時代です。
>
> ソフィア

> 問　あなたは，この2通の手紙のどちらに賛成しますか。片方あるいは両方の手紙の内容にふれながら，自分なりの言葉を使ってあなたの考えを説明してください。

（出所）国立教育政策研究所，2007より抜粋。

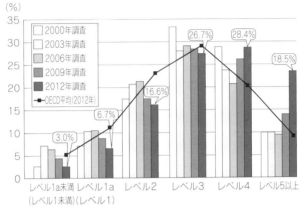

図 3-2 日本の習熟度レベル別の生徒の割合（経年変化）（読解力）

(出所) 国立教育政策研究所，2013b。
(注) 低いほうから高いほうへ，レベル 1 未満，1，2，3，4，5 以上の 6 段階に分けられている。

の意欲面の低さは，さまざまな調査で指摘されてきたことであり，「日本は学力トップレベル，学習意欲はワーストレベル」という状況は，「病める学力」や「日本型高学力」といった形で，問題視され続けてきました。学習意欲の高低については，文化差を考慮に入れねばならず，他国と機械的に比較することには慎重であるべきです。しかし，学力向上を急ぐあまり，「学びからの逃走」を加速させてしまうことには注意が必要です（佐藤，2000）。

3 おわりに──さらなる探究へのいざない

このように，学力問題の実態は，テスト結果が上がったか下がったかだけをみていてもみえてこないことがわかるでしょう。と

くに，現代の学力問題の本質は，暗記再生型の学力を越えて，21世紀をよりよく生きていくためにどんな資質・能力（実力）が必要か，そのために学校は何ができるのか，何をすべきなのか（学力）が問われている点にあるのです。

その際，「知識重視から人物重視へ」ということばに象徴されるように，日本では学力形成（知育）と人格形成（徳育）が別の問題として捉えられる傾向にあります。しかし，学校で知識を得，物事を深く理解するようになること（わかる力）は，なんらかの形で，その人の価値観や学校外の生活の場での振る舞い（生きる力）に影響を与えます（例：数学で「関数」について，理科で「還元」について深く学ぶことで，環境問題に取り組む意識や姿勢が変わる）。

学ぶことと生きることとを，もっとみえやすい形でつなぎ，「何のために学ぶのか」という子どもたちの疑問に応えられる学びを考えていくことが求められているのです。読者の皆さんも，学校で学んだことが今の自分の生き方にどう生かされているか，学校でどのような学力と学びをめざすべきなのかを考えてみましょう。

推薦・参考図書

石井英真『今求められる学力と学びとは――コンピテンシー・ベースのカリキュラムの光と影』日本標準，2015年

国立教育政策研究所編『生きるための知識と技能③ OECD生徒の学習到達度調査（PISA）2006年調査国際結果報告書』ぎょうせい，2007年

国立教育政策研究所『OECD生徒の学習到達度調査（PISA2012）のポイント』2013a年（http://www.nier.go.jp/kokusai/pisa/pdf/pisa2012_result_point.pdf：2017年3月20日確認）

国立教育政策研究所『OECD生徒の学習到達度調査――2012年調査

国際結果の要約』2013b 年（http://www.nier.go.jp/kokusai/pisa/pdf/pisa2012_result_outline.pdf：2017 年 3 月 20 日確認）
駒林邦男『改訂版・現代社会の学力』放送大学教育振興会，1999 年
佐藤学『「学び」から逃走する子どもたち』岩波書店，2000 年
田中耕治編著『新しい学力テストを読み解く——PISA／TIMSS／全国学力・学習状況調査／教育課程実施状況調査の分析とその課題』日本標準，2008 年

Part I　教育問題の問い方

4講次 いじめ
道徳教育でいじめ問題は解決できるのか？

はじめに

いじめによって傷ついた子どもたち，さらには命を絶った子どもたちについての報道は後を絶ちません。そうしていじめが社会問題化する中，「いじめた子に対する規範意識や道徳性の指導が必要」「いじめは犯罪としていじめた子を厳しく罰しないといけない」といった意見もみられます。そこからは，いじめる子，あるいは，いじめられる子の個人の性格や気質が原因として，いじめ問題に対処しようという発想をみてとることができます。

しかし，いじめ問題への対応は，そうした個人の性格や気質が原因と考えるだけでいいのでしょうか。いじめた子といじめられた子だけの問題なのでしょうか。さらにいえば，そもそも「いじめ」とはどのようなものであり，いかにして起こるのでしょうか。ここではこれらの問いについて考えてみましょう。

1 いじめ問題の盲点

そもそも「いじめ」とは，どのように定義できるのでしょうか。1985年，相次ぐいじめ問題に対して文部省（当時）は，いじめ

を次のように定義しました。「自分より弱い者に対して一方的に，身体的・心理的攻撃を継続的に加え，相手が深刻な苦痛を感じているものであって，学校としてその事実（関係児童生徒，いじめ内容等）を確認しているもの。なお，起こった場所は学校の内外を問わないものとする」。

　一見もっともらしい定義で，とくに問題点はないように感じられるかもしれません。しかし，この定義には，大きな問題点があります。それがどこかを考えていくことで，世間一般が陥りがちないじめ問題についての誤った認識や盲点がみえてくるでしょう。

　1つ目の問題点は，「継続的」に加えられる「深刻」な苦痛に限るとし，さらには「学校としてその事実を確認しているもの」に限るとしている点です。いじめられている子どもの多くは，苦痛を感じていても，周りに心配をかけまいとして，また，自らの自尊心を守るために，明るく振る舞おうとします。攻撃や苦痛の程度に条件をつけることは，本人にしかわからない内面の「傷つき」に寄り添うものとはいえませんし，何より学校が確認しているものに限るというのは，いじめられている子ども目線を欠いた定義といわざるをえません。

　2つ目の問題点は，「弱い者に対してなされる」といういじめに関する認識です。1つ目の問題点の指摘は理解できたとしても，「弱い者に対してなされる」という点については，なぜ問題なのか理解しにくいかもしれません。

　しかし，「弱い者いじめ」ということばには，いじめ問題の本質を覆い隠してしまう危険性をはらんでいるといえるのです。たとえば，成績優秀で運動もできて人気者，あるいは，いじめを受けまいと武道に秀でた男の子が逆にいじめのターゲットになるこ

ともあります。彼らは強いがゆえに、それが嫉妬されたり疎まれたりしていじめられるのです。また、いじめられっ子が別の子をいじめる加害者であることも珍しくありません。

なぜこのようなことが起こるのでしょうか。いじめは行きずりの暴行・恐喝などとは違って、同一の集団の中で発生するものなのです。人間関係が密で共同性があるからこそいじめが起こるのであり、集団内のあるべき関係性（いたわり、相互支持、友愛）が逆転し、虐待や人権侵害になるのがいじめの本質なのです。学級の集団としての拘束力が強ければ強いほど、教師が民主的な学級集団をつくれなかったりすると、いじめは発生するのです。なお、塾ではいじめがほとんどないといわれるのは、そこに密な人間関係がないからではないかといえるでしょう。

森田洋司は、「いじめとは同一集団内の相互作用過程において優位に立つ一方が、意識的にあるいは集合的に他方に対して精神的・身体的苦痛を与えることである」と定義しています（森田, 2010）。この定義にあるように、いじめとは、1つの学級内に固定された人間関係で、その時々の力の差がはっきりしやすい集団内の相互作用過程における現象であり、集団内で優位に立つ一方からのアクションなのであって、場面や状況が変われば立場が入れ替わってもおかしくないのです。

いじめは、個人の病理というより集団の病理とみるべきものであり、いじめられやすい子やいじめっ子になりやすい子がいるのではなく、いじめる立場やいじめられる立場が入れ替わりながら、多くの子どもたちがいじめに巻き込まれているのです（国立教育政策研究所, 2013）。それなのに、いじめは「弱い者いじめ」と限定されることで、いじめられっ子の「弱さ」に原因があるとされ

がちです。これでは、いじめの被害者は「自分は弱い人間だからいじめられるのだ」と思い込み、加害者を告発する勇気を奪われ、一人で苦悩を抱え込むことにつながっていくのです。また、「いじめ」は卑劣な人間が弱い者に対して行うものであり、「いじめ」た人間は人間として絶対に許されないと、加害者個人の人間性の問題に帰着させる捉え方のみでは、加害者が自分の加害行為に気づいたとしても立ち直る機会を失わせかねないという面も指摘されています。

以上のような問題点をふまえて、2007年の文科省の定義では、「当該児童生徒が、一定の人間関係のある者から、心理的、物理的な攻撃を受けたことにより、精神的な苦痛を感じているもの」となっています。「弱い者いじめ」という考えを脱却し、学校が認定したものに限るのではなく、一見深刻にはみえなくても、当人が苦痛と感じているその気持ちを大事にするといった具合に、以前に比べて被害者の側に立った定義になったことがわかるでしょう。

2 いじめの構造

では、いじめ問題にはどのように向き合っていけばよいのでしょうか。いじめという事態が発生したとき、学級集団にはどのような構造が生み出されているのか、そうしたいじめの構造を念頭において考えることが必要です（図4-1）。

いじめは、いじめられている子ども（被害者）と、いじめる子ども（加害者）だけで進行するものではありません。いじめをは

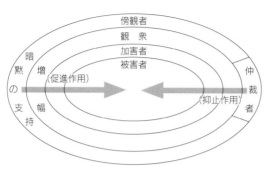

図 4-1　いじめ集団の 4 層構造モデル
(出所) 森田, 2010。

やし立てたり，おもしろがったりして見ている子どもたち（観衆），さらには，見て見ぬふりをして，人がいじめられているのを無視する子どもたち（傍観者）の存在にも目を向ける必要があります。いじめの持続や拡大には，いじめる子どもといじめられる子ども以外の「観衆」や「傍観者」の立場にいる子どもたちが大きく影響しています。「観衆」は，いじめを積極的に是認し，いじめる側に同調・追従し，「傍観者」は，いじめを暗黙のうちに了解していることになり，結果としていじめを助長する役割を担っています。

いじめは集団の病理という観点からしても，いじめの当事者のみならず，それをとりまく層の子どもたちの動きこそが，いじめ問題の解決を左右するのです。とくに，いじめの発生場面で解決への一番の鍵を握っているのは，大多数の傍観者です。いじめは，仲のよい関係だからこそ起きることもあり，当事者は訴えることが少なく，傍観者は被害者になることを恐れて黙っていたりするものです。それゆえ，この層がいじめを許さない方向で素早く的

確に動き始めることは，いじめられている子どもたちの願いであり，それによっていじめはストップするものです。

いじめが発生したときには，もちろん当事者（加害者と被害者）への個別のケアや指導が必要ですが，その一方で，物言わぬ傍観者をどう指導するか，という集団の構造を見据えた指導が重要です。当事者への対応の際には，いじめられている子どもに親身になって寄り添うことはもちろん，いじめる子どもたちがいじめをしたくなるストレスを取り除いたりして，いじめを生み出す集団の中で生じてしまった加害者の内面のゆがみを指導していく視点は欠かせません。誰もがいじめる側になりうるのであって，何よりいじめている子もケアされるべき存在なのです。

さらにいえば，いじめが解決に向かっていく中で，通常は問題とみなされていない傍観者層の中に少なからず存在する，他者への無関心や人権意識の欠如という，より本質的な人間発達上の課題が顕在化してくることでしょう。

さて，そもそもいじめはなぜ起こるのでしょうか。いじめの原因に関するさまざまな調査結果から，いじめの背景にあるのは，道徳心や規範意識の欠如以上に，現代の子どもたちが抱えるさまざまなストレスであることが示されています。図4-2は，いじめ加害と，①ストレス（不機嫌怒りストレス），②ストレスに影響を及ぼす子どもにとってのストレッサー（ストレスをもたらす要因：勉強・教師・友人・家族に関するイヤなできごと），③ストレッサーを緩和させる社会的支援（教師・友人・家族との良好な関係），④ストレッサーを高める競争的価値観の4つの要因の関係をモデル化したものです。

とくに，子どもをいじめ加害に向かわせる要因として大きいの

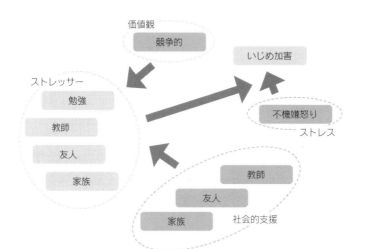

図 4-2 いじめ加害に向かわせる要因間のモデル
(出所) 国立教育政策研究所生徒指導研究センター, 2010。

は,「友人ストレッサー」「競争的価値観」「不機嫌怒りストレス」の3つであり, それらの要因が高まると, 加害に向かいやすくなるとされています。こうしたストレスを背景に, 優越感を覚えたりストレスを解消したりすることを求めて, ある種のゲーム感覚でいじめが発生するのです。それゆえ, いじめを未然に防ぐ上では, いじめは駄目だと道徳を振りかざすことよりも, いじめという形で表出される非人間的でネガティブな感情の根っこにあるストレスを取り除き, 社会性を育てていくことが重要です。さらには, ストレスなどを抱え, 時には, 非人間的でネガティブな感情を抱いてしまうことも含めて, 子どもが自分の存在を丸ごと受けとめてもらえていると感じられるような居場所をつくること, そして, そういった子どもたちの複雑な内面に, 親や教師が丁寧に関わっていくことが求められます。そうした安心に満ちた集団

の中でこそ,子どもたちは人間味豊かに成長していくのです。

3 おわりに──さらなる探究へのいざない

　そもそも「いじめ」に対しては,「ふざけ」や「けんか」の延長線上にあるのであって,「いじめゼロ」という数値目標のみを追求すると,友だちとの間での社会的な軋轢(あつれき)や葛藤を通じて社会性や人間性を成長させるチャンスが奪われるという主張があり,他方で「いじめ」というのは犯罪であって,法的に罰すればいいのではないかという主張もあります。「いじめ」は日常的な社会的トラブル一般と犯罪行為との狭間で生じ,法的に罰すれば解決するというものではなく,教育的な対応が求められる集団内での人権侵害の問題です。これこそが「いじめ」ということばで語られる問題の正体なのでしょう。教師が,そして子どもたちが,「いじめ」と「ふざけ」「けんか」とを見極める人権感覚をもち,適度な人間関係上のトラブルをともに解決し合いながら,互いに成長し合っていくような学級づくり,学校づくりが求められているのです。

　いじめ問題は,今や子ども集団や人間関係の変化,あるいはネット社会の進展などの中で,新たな局面をみせています。たとえば,ネットいじめという状況に対して,どのような対応が可能で,実際どのような実践が展開されているのか,探究してみましょう。

　📖 **推薦・参考図書**
　尾木直樹『いじめ問題をどう克服するか』岩波新書,2013 年。

折出健二『他者ありて私は誰かの他者になる――いま創めるアザーリング』ほっとブックス新栄,2016年

国立教育政策研究所『いじめ追跡調査 2007-2009――いじめ Q&A』2010年(https://www.nier.go.jp/shido/centerhp/shienshiryou2/3.pdf:2017年3月20日確認)

国立教育政策研究所『いじめ追跡調査 2010-2012――いじめ Q&A』2013年(https://www.nier.go.jp/shido/centerhp/2507sien/ijime_research-2010-2012.pdf:2017年3月20日確認)

内藤朝雄『いじめの構造――なぜ人が怪物になるのか』講談社現代新書,2009年

森田洋司『いじめとは何か――教室の問題,社会の問題』中公新書,2010年

第5講 個性尊重
日本の授業は画一的か？

はじめに

　誰もが，一人ひとり異なる個性をもっています。あなたの個性はどんなことでしょうか。それは，学校の中でどのように扱われ，育まれてきたでしょうか。「日本の学校では，個性が十分に尊重されていない」「画一的な授業が子どもたちの個性を失くしてしまっている」といった声をよく耳にします。とはいえ，では学校教育において子どもたちの個性が不要と考えられているかといえば，決してそうではないでしょう。そして，視野を広くもてば，さまざまな形で個性を重視する教育実践が行われていることに気がつきます。ここでは，そのような教育実践を取り上げながら，学校教育，とくに授業における「個性」の尊重について考え直してみましょう。

1 学校における授業のイメージ

　多くの子どもに共通する内容を教える学校教育では，一人ひとりの子どもの個性が重視されるよりは，効率的な点からも，できるだけ大勢の子どもが一斉に同じ内容を学習するスタイルが多く

とられてきました。日本では,明治期に始まった学校制度において,地図や絵図が大きく描かれた掛図を教材として使った一斉授業の形式が紹介され,画一的な授業形式が広まりました。四角い教室の前方に黒板が掲げられ,黒板を背にして教師が立って講義をし,教師に向き合う形で子どもが整然と並びます。子どもたちの学習時間は時間割で綿密に決められていて,時間がくれば次から次へと異なる教科の授業が始まるといったような,空間的・時間的に統制された教室の様子は,皆さんも多少は経験したことでしょう。そのような教室の風景は,子どもたちの個性を考慮しているとはあまりいえそうにありません。

　しかしながら,近代学校が誕生する前にも後にも,子どもの個性を尊重する教育の主張は存在していました。もともと,学習者の個性を尊重しそれを伸ばそうとする教育は,18世紀フランスの思想家ルソー(Rousseau, J.-J.: 1712-78)の教育思想にまでさかのぼることができます。ルソーは著書『エミール』の中で,子どもの本性を尊重する教育を主張します。そして教育の方法や目的については,個人に応じて変えるべきだと考えていました。こうしたルソーの考え方は,スイスの教育家ペスタロッチ(Pestalozzi, J. H.: 1746-1827)をはじめとして,これ以後の教育論に大きな影響を与えました。

　日本では,大正時代や第二次世界大戦後初期に行われた授業に自由教育の実践がみられます。大正時代には,各地の師範学校附属小学校のほか,池袋児童の村小学校や成城小学校といった新しい私立学校を中心に,子どもたちの関心や自発性を尊重する教育実践が行われました。黒柳徹子が著した『窓際のトットちゃん』で有名なトモエ学園もその1つです。このノンフィクションの

自伝には，古くなった電車を教室にし，座席は毎日自由で，先生が黒板に書いた教科を子どもたちが好きな順で好きなように学習し，早く終わればみんなで散歩に出かけながら花や虫の学習をしたトモエ学園での学習の様子が描かれています。こうした教育実践は，上述した四角い教室の風景とはずいぶん異なります。現在，多くの人がイメージする授業風景よりも，かなり自由で子どもたちの個性を伸ばすような教育がこの時代にすでに行われていたのです。

2 「個性」と「個人差」

ところで，「個性を尊重する」というとき，その「個性」とはどんなものなのでしょうか。一般的に「個性」とは，その人固有の特性や，ある個人を特徴づけている性質や性格のことをいいます。たとえば，教育においては，子ども一人ひとりの学び方の違い，興味や関心の方向，学力差などによって，個性が捉えられてきました。

ただし，「個性」は「個人差」と同じものではありません。安彦忠彦は「厳密に言えばかなり根本的な違いがある」として，次のようにまとめています。「個人差は個性の一部を成す，量的で，測定可能な，客観的な心身の諸特性である。個性は，その個人差を内に含む，質的で，測定不能・不可の，主観的・主体的価値判断を伴う全体的な心理特性である」（安彦，1993，15頁）。つまり，個人差に応じる教育とは，到達度や，習得に必要な時間の差などの量的な測定データをもとに，子ども一人ひとりに合った指導を

行うことであり、一方、個性に応じる教育とは、子どものそれまでの経験や興味・関心などをベースにした個人の主観的・主体的な判断で進める学習に合わせる指導といえるでしょう。このように区別することによって、学力格差（個人差）を個性だとして容認するといったリスクを減らすことができます。

　これらは各々、教育面での対応の仕方も異なります。たとえば好例として前者には、学力に応じてクラスを分ける習熟度別編成、後者には選択教科があげられます。

　こうした区別を教育実践に意識的に組み入れ、独自のカリキュラムをつくりだしてきた学校があります。その1つが、愛知県知多郡にある東浦町立緒川小学校です。緒川小学校では、一人ひとりの子どものもつ学力・能力・適性などはすべて異なっているという立場に立った上で、そのように多様な子どもたちに対して、「指導の個別化」と「学習の個性化」をキーワードにした教育が展開されています（愛知県東浦町立緒川小学校, 1998）。これらは似たことばですが、上述の「個人差」に応じる「指導の個別化」と、「個性」に応じそれを育成する「学習の個性化」に明確に分けられます。この違いは、表5-1のような整理を使って説明されます。この表は、子どもの学習を内容と方法の2つの面から捉え、それらを教師と子どものどちらが決めるのかを示したものです。Aの領域は、学習の内容と方法ともに教師が決定する部分で、逆にDは、どちらも個々の子どもに任されている部分です。

　BとDの部分、つまり学習内容の決定主体は誰であれ、学習方法を児童が決める部分が「指導の個別化」に当たります。具体的には、国語や算数の学習で行われる「はげみ学習」があります。はげみ学習では、6年間の学習内容が約85のステップに分けられ、

表 5-1 「指導の個別化」と「学習の個性化」(愛知県東浦町立緒川小学校)

		学習方法を決める主体	
		教　師	児　童
学習内容を決める主体	教師	A　集団学習など （一般的な一斉授業）	B　順序選択学習など （個別学習,「はげみ学習」）
	児童	C　課題選択学習など （「週間プログラムによる学習」, 総合学習）	D　課題設定学習など （「オープン・タイム」）

子どもたちは学年に関係なくめいめい自分の進度に合わせてステップを積み上げていきます。もちろん，必要に応じて教師の個別指導を受けることができます。一方，CとDの，学習内容を児童が決める部分が「学習の個性化」に当たります。一例として，3年生以上が対象の「週間プログラムによる学習」では，対象となる単元について，教師がモデルとなる学習計画を児童に示した上で，児童自身が学習計画を立て，それに沿って個別学習を進めます。さらに「オープン・タイム」では，学習計画のみではなく学習テーマも児童が設定します。このように，一人ひとりの子どもの個性を生かすために，緒川小学校ではさまざまな形で学習が推進されているのです。

3　個性の尊重と協同的な学び

　緒川小学校の例からもよみとれるように，個性を尊重するには，個に応じた指導をするだけではなく，子どもたちがバラバラにならないような協同的な学びも重要になります。それぞれの個性をもった子どもたちが，協力したり相互に影響を与え合ったりしな

がら学習を進める中で，異なる個性に気づき，それらを育むことが多くあるのです。

たとえば，自分の関心や興味が明確ではなく，課題選択学習において課題がなかなか設定できない子どもが，友人や先輩たちの課題を参考に自分の学習を進めていくといったことが考えられます。また，教科学習でも，数人の小グループでの協同学習において，自分とは異なる意見や考え方をもつ他者と出会うことで，思考を深めるとともに，自分の個性を知ることになります。

個性を尊重する協同的な学びを考えるとき，和歌山県で1992年にスタートした私立学校きのくに子どもの村学園が思い出されます。この学校では，一人ひとりの違いや興味を重視する「個性化の原則」とともに，子どもがいろいろなことを決める「自己決定の原則」，生活や体験から学ぶ「体験学習の原則」が大切にされ，これらの原則に則ってカリキュラムが組まれています。カリキュラムの中心には，子どもたちが協同して取り組む「プロジェクト」が置かれ，毎週14時間が充てられます。

プロジェクトには，木工，農業，表現，食などをテーマにしたいくつかの活動があります。子どもたちは年度初めに各プロジェクトの内容をみて1つを選び，同じプロジェクトを選んだ子どもたちがクラスになります。つまり，クラスは子どもの選択で決まり，いろいろな学年の子どもがいます。それは，同じ年齢の学習集団ではなく，それぞれに個性的なプロジェクト活動を1年間通して行う共同体なのです。そしてその共同体の中でそれぞれの子どもは，学年の差をはじめとして，個人差があり個性がある存在として認識されます。その中で，全員が役割をもってプロジェクトに参加し学び合えるような活動を，自分たちで決定しなが

ら進めているのです。

4 おわりに──さらなる探究へのいざない

　個性を重視する教育を行ういくつかの学校の例をあげました。こうした学校の教育実践を，あなたはどのように思うでしょうか。それらは，個性的で例外的なものと思われるかもしれません。ですが，そのように切り捨ててしまうよりは，上述したような学校が，なぜ「個性尊重」を掲げ，それを実現できているのかを検討することが大切でしょう。そうすることで，わたしたちが学べるもの，取り入れられるものが多くあるからです。

　たとえば，これらの学校に共通するのは，決まった教育内容を教え込むよりも子ども一人ひとりを大切にしようという姿勢です。それは決して，なんらかの能力をとりたてて向上させようとしているのではなく，また，目立つ性格の持ち主を育てようとしているのでもありません。子どもたちの違いを認めて，子ども自らの意思決定を重視し，それぞれに適したように学習を進めようとする考え方が土台にあるのです。このように考えると，見慣れた教室での授業の中にも，現実に個性が尊重されている場面があり，さらに個性を尊重して育む糸口が多くみつかるのではないでしょうか。

📖 推薦・参考図書
愛知県東浦町立緒川小学校『個性化教育──生きる力を育てる横断的・総合的学習』黎明書房，1998 年

安彦忠彦『「授業の個別化」その原理と方法を問う』(オピニオン叢書5)明治図書，1993 年
岩木秀夫『ゆとり教育から個性浪費社会へ』筑摩書房，2004 年
ガードナー，H.(松村暢隆訳)『MI——個性を生かす多重知能の理論』新曜社，2001 年（原著 1999 年）
黒柳徹子『窓際のトットちゃん』講談社，1981 年
日本個性教育研究会編『子どもの個性が生きる授業』黎明書房，1989 年
堀真一郎『きのくに子どもの村の教育——体験学習中心の自由学校の 20 年』黎明書房，2013 年
臨時教育審議会『教育改革に関する第 4 次答申（最終答申）』1987 年
ルソー，J.-J.（今野一雄訳）『エミール』(上・中・下巻) 岩波書店，1962-64 年（原著 1762 年）

6講次 格差
本人の努力の問題か？

はじめに

　一人ひとりの子どもの学力は異なります。それ自体は当然なことで，問題にはならないでしょう。しかし，その差がとても大きく，学力の高い子どもたちと低い子どもたちとの2群にはっきりと分かれていたり，A学校とB学校とで子どもたちの学力の平均が大きく異なっていたりしたら，そこに何かの問題があるとみなされます。本来同じような状態であるはずなのに，大きな差異があるからです。さらにいえば，その差異が，子ども自身の努力の及ばない諸要因によって生み出されていることが問題視されるのです。そのような差異は「格差」と呼ばれます。「差異」ではなく「格差」ということばが用いられるときには，学力は低いよりも高いほうが望ましいというような「優劣の序列」があり，「特定の差異を問題視する」告発性をもち，「その是正や縮小，緩和を目指した行動を要求している」という3つの特徴があります（耳塚，2014, 2頁）。つまり，目の前にある差異を，わたしたちが一定の価値観をもって問題視するとき，「差異」が「格差」として現れてくるといえます。

　とはいえ，学力の格差に関しては，「本人の努力次第だ」「一部の人たちの問題だ」という声もよく聞かれます。ここでは，こう

したいくつかの言説を取り上げて，格差について考えてみましょう。

1 格差をめぐる言説

1 学力格差は，本人の努力次第で乗り越えられる？

　テストで悪い点を取った子どもに，先生や親はごく自然に「次は頑張ってね」と言います。それは，「頑張れば頑張ったぶん，いい点数が取れる」と考えるからです。そして，このことばの裏には「誰もが努力できる」という前提があります。社会的背景や出自にかかわらず，努力する可能性は平等にあるという前提です。

　誰もが平等に努力の機会をもち，努力によって学力を向上させられるというのは，学校教育における重要な共通認識とされてきました。しかし，教育社会学者の苅谷剛彦はこの前提が幻想でしかないと論じました。苅谷は，1979 年と 97 年に高校生を対象に行われた調査結果から，親（とくに母親）の学歴という階層要因によって学習時間が異なり，その差が拡大していることを示しました（苅谷, 2001）。高校のランクによって学習時間が異なることは以前から確認されていましたが，高校のランクの影響を取り除いても，階層要因が学習時間に影響を及ぼすのです。つまり，努力は純粋な本人の意思だけではなく，社会階層の影響を受けているという指摘でした。頑張れるのは特定の社会階層の高校生であり，下位の社会階層の高校生たちは「頑張っても仕方がない」と考えるようになってきているというのです。このように，階層

によって学習の意欲に差異がある状態を，苅谷は「意欲格差（インセンティブ・ディバイド）社会」と呼びました。

平等と思われてきた「努力」や「意欲」の裏に階層の影響が隠蔽されているという苅谷の提起は衆目を集めました。そして，これ以降さまざまな調査で，家庭的背景や地域間での教育格差が明らかにされ，議論されるようになりました（苅谷・志水，2004。吉川，2009。耳塚，2013。志水，2014）。

2 一部の人たちの問題にすぎない？

格差問題は遠い昔の話，あるいは自分からは遠いところの話と思っている人が少なくありません。たしかに，第二次世界大戦後の間もない頃の日本においては，都市部の子どもと山村や漁村の子どもとの間で歴然とした学力の差がありました。1961年にはじめて行われた中学2・3年生の全国学力調査では，都道府県によって平均得点の差がかなり大きく，それと比較すれば2008年の全国学力調査の得点差は小さいという指摘もあります（志水，2014）。

高度経済成長期の後には，「国民総中流」といわれたように日本には格差は少なくなったというのが一般的な認識です。しかしながら，物質的な面からみた生活環境や情報環境の格差がなくなった一方で，人々のつながりや共同体のあり方に関する地域差は広がったといえます。志水宏吉は，とくに都心部で進行した，都市化にともなう伝統的な地縁・血縁関係の弱体化，およびバブル崩壊後の会社・家族内のつながりの揺らぎが，小・中学生の学力形成にネガティブな影響を与えていることを全国学力調査の結果分析から明らかにしました（志水，2014）。具体的には，都道府県

別にみた場合の「離婚率」の低さに表れる家族と子どもとのつながり,「持ち家率」の高さに表れる地域・近隣社会と子どものつながり,「不登校率」の低さに表れる学校・教師と子どもとのつながりなど,「つながり」が豊かな自治体の子どもたちの学力は高いという指摘でした。こうした格差を志水は「つながり格差」と呼びました。

　このような「つながり」の地域間格差のほかにも,両親の文化階層によって学力格差が生じているという指摘もありました（苅谷・志水,2004）。90年代末に主張された「ゆとり教育」による学力低下は,全体の低下ではなく学力格差の拡大であり,その背景には親の職業,学歴,所得をかけあわせた文化階層の二極分化があることを示す調査結果が出されたのでした。つまり,「ゆとり教育」では家庭環境の影響が強まるという主張でした。こうした家庭環境の影響と地域による影響との関連について,耳塚(2013) は,家庭的背景が学力形成に影響を及ぼすのは,地方ではなく都市部で大きいと明らかにしています。

　このように,日本で学力格差が社会的な問題として認識されたのは90年代末の学力低下論争の折でした。国際的にも,2000年から始まったOECDのPISAにおいて,学力格差は重要な分析指標の1つです。学力の階層間格差の拡大が示されつつある状況の中で,2007年に始まった全国学力・学習状況調査においても,都道府県間の学力格差や学校間格差が注目され（3講次「学力低下」も参照),継続して分析が行われています。

3 格差を縮小させようとすると，学力の高い子どもたちの教育がおろそかになる？

　格差を縮小させるためには，下層に位置する子どもたちの学力を上げる支援をすることになります。そうすると，トップレベルにいる子どもたちへの教育が手薄になるという意見が根強くあります。教育行政においてどこに重点を置くかという話でもありますが，1つの教室内でどのレベルの子どもに照準を定めて授業を進めるかという話でもあります。

　こうした話の前提によくあるのは，学力の低い子どもには基礎基本を徹底する反復練習が効果的であり，一方で学力の高い子どもには，知識を活用し発展させるオープンエンドで現実的な課題での学習をさせるといった二分法です。そこには，反復練習で基礎的な内容を十分マスターしてから発展段階に移行することを見込んでいますが，これらの学習方法によって身につく学力は，質の異なるものです。格差縮小のために指導の個別化（ちなみに「指導の個別化」と「学習の個性化」は異なります；5講次の表5-1参照）は欠かせませんが，それはこうした教育方法の区別によって行われるものではありません。格差をなくすことをめざしながら，そこに明確な区分をつくってしまっては本末転倒です。すべての子どもが，内容を深く理解しつつ知識を活用しながら学ぶことが必要なのです。

2 格差問題にどう立ち向かうか

　以上にみてきたことから，格差の問題は，教育だけで解決できる問題でないことは明らかです。所得格差の緩和，雇用促進政策の導入，そして質の高い公的保育サービスの提供など，社会的なアプローチが不可欠なのです。しかしながら，教育・研究の面からも同時にアプローチすることが必要でしょう。

　その1つとして，上にあげたような実証的な調査をさらに重ねることです。まずは，格差があるということを明らかに示さなければ，議論は進みません。しかしながら，学力調査で格差があることが明らかになっても，それだけでは格差は解消しません。また，やみくもに調査するのではなく，学力調査の中身すなわちどのような能力を調査するのかを吟味する必要があります。

　ただし，結果がわかった後に，そのテストの点数を平準化するように下位層の子どもに対する指導を強化するといった，ありがちで直接的な対策を講じても根本的な解決にはなりません。それは対処療法にしかならず，少し異なる調査を用いれば，また格差が存在する結果となるからです。調査では，目にみえる格差が生じている根本的な要因を明らかにしていくことが必要です。上述した苅谷の指摘——努力の格差の裏に階層格差が潜んでいる——はその好例といえます。

　そして2つ目として，格差を生きている子どもたちを目の前にして，生活面にも配慮した上で，指導の個別化などによる「底上げ」や，すべての子どもたちへの学力保障を行うことが欠かせ

表6-1 「力のある学校」の8つの要素

①気持ちの揃った教職員集団
②戦略的で柔軟な学校経営
③豊かなつながりを生み出す生徒指導
④すべての子どもの学びを支える学習指導
⑤ともに育つ地域・校種間連携
⑥双方向的な家庭との関わり
⑦安心して学べる学校環境
⑧前向きで活動的な学校文化

（出所）志水, 2009。

ないでしょう。とはいえ、それは単純に学習の量や指導の量を増やすことを意味するものではありません。どのような教育環境を用意するかという学校モデルの問題であり、何をどのように学ぶかという学習の質の問題でもあります。

学校モデルについては、格差に関する調査を行ってきた志水が、表6-1に示したように、「力のある学校」が備えている8つの要素をまとめています（志水, 2009）。学力の質については、学習内容の本質に迫る「永続的理解」を重視して、基礎学力の育成とともに発展的・創造的な思考をすべての子どもたちに保障しようとする「逆向き設計論」や、「真正の評価論」が参考になるでしょう（西岡, 2008。ウィギンズ・マクタイ, 2012）。

3 おわりに──さらなる探究へのいざない

多くの先進諸国においても、近年、貧富の格差が拡大していることが指摘され、とくに子どもの格差に注目が集まっています。それは、本人の力が及ぶ範囲を超えたものであり、かつ、将来に

まで著しい影響を与えると考えられるからです。そのような状況にあって，すべての子どもたちに学力を保障し，健康で文化的な生活を保障することは，個人の問題ではなく社会の問題，そして一人ひとりが関わる問題として，取り組んでいかねばなりません。

　まずは身近にある格差に目を向けてみましょう。どのような対応が可能で，実際にどのような取り組みがなされているでしょうか。

推薦・参考図書

ウィギンズ，G.・J.マクタイ（西岡加名恵訳）『理解をもたらすカリキュラム設計——「逆向き設計」の理論と方法』日本標準，2012年

苅谷剛彦『階層化日本と教育危機——不平等再生産から意欲格差社会（インセンティブ・ディバイド）へ』有信堂高文社，2001年

苅谷剛彦・志水宏吉編『学力の社会学——調査が示す学力の変化と学習の課題』岩波書店，2004年

吉川徹『学歴分断社会』ちくま新書，2009年

志水宏吉『「力のある学校」の探究』大阪大学出版会，2009年

志水宏吉『「つながり格差」が学力格差を生む』亜紀書房，2014年

橘木俊詔『日本の教育格差』岩波新書，2010年

西岡加名恵編著『「逆向き設計」で確かな学力を保障する』明治図書，2008年

広田照幸『格差・秩序不安と教育』世織書房，2009年

増田ユリヤ『新しい「教育格差」』講談社現代新書，2009年

耳塚寛明編『学力格差に挑む』（お茶の水女子大学グローバルCOEプログラム　格差センシティブな人間発達科学の創成，3巻）金子書房，2013年

耳塚寛明編『教育格差の社会学』有斐閣，2014年

山田昌弘『希望格差社会——「負け組」の絶望感が日本を引き裂く』ちくま文庫，2007年

Part II

探究の営み

第7講 問いを立てる
テーマのみつけ方

さて、いよいよ「総合的な学習」や卒業論文に取り組むために必要となる「探究的な学び」について、具体的に述べてみましょう。

1 「探究」の営みとしての論文作成

あるテーマについて研究したことを、万人に共有してもらうために、公表(プレゼンテーション)をされる必要があります。この公表の方法は、情報機器の発達によって多様に開発されつつありますが(たとえば、研究会やゼミなどでさまざまな電子媒体を使って発表することや実演や演示することなど)、そのテーマに関する見解(または成果)を万人に広く納得してもらうためには、一般的には「論証」(または「実証」)を厳密に記述する論文という形式が求められます。多くの大学、主に教育学や人文社会科学系の学部では、そのディプロマポリシー(卒業要件)として、大学で学んだことの集大成として卒業論文を書くことが課せられています。

論文とは、文字通り、そのテーマに関する見解(または成果)

を万人に納得してもらうように「論証」（または「実証」）するために書かれるものです。論文作成のプロセスは，一般的に以下の4つの分節に区分されます。

> ①テーマ設定――何を論証・実証し，何を訴えたいのか具体的に設定し，仮説を立ててみる。
> ②資料の収集・分析――テーマに沿って，資料（先行研究や調査や実験によってデータなど）を集め，分析して，研究状況の確認（到達点や未解明な点など）と自分のテーマの位置づけ，そして研究方法（論証か実証か）の確定（詳しくは8，9講次やコラム⑬に書かれているので参照してください）。
> ③自分の主張の体系化――構想と構成（プロット作成：序・本論・結論そして章節）。
> ④執筆活動――論文を書くこと。

簡潔にいえば，「①テーマ設定→②資料の収集・分析→③自分の主張の体系化→④執筆活動」というプロセスと考えてよいでしょう。ただし，ここで注意しておきたいことは，実際に論文を作成する場合には，とくにはじめて論文を書くという場合には，作業は①→②→③→④と順番に進むわけではありません。論文の提出期限が迫ってきて焦り，とりあえず④から始める場合も起こります。すると，作業は迷走を始めます。自分が論証しようとしている裏づけとなる十分な資料（②）が手元にない，文章を書き進めていくと最初に書きたいと考えていた論旨・道筋（③）から逸れていって，結局自分は何のためにこの論文を書いているのか（①）が漠然としてくる。

このような，誰もが一度は経験しがちな迷走を避けるためには，まずは論文のための執筆作業として，①から④の4分節があり，いきなり執筆から開始しても難しく，したがってそのための準備作業があるということ，さらにはその準備作業を4分節化することによって，自分の準備作業の進行度を自覚することが大事です。このように4分節を理解してほしいと思います。

　以上の点をもう少し具体的に述べますと，多くの論文の場合，①と②の作業，さらには③と④の作業は相互作用しつつ進行します。まず，①のテーマ設定といっても，何も資料や書籍を見ないで設定するわけにはいきません。また，テーマを一応決めて②の資料を読み進めていくと，テーマ自体を変更しなければならないという事態も起こりえます。必要な資料を分析・考察して，一般的には③のその論文の全体のプロットをレジュメとして書き出します（たとえば，序・本論・結論そして章節などに構造化する）。大学のゼミでは，このレジュメを素材にして検討し，教員や参加者からアドバイスを得つつ，いよいよ論文の執筆にかかります。

　しかし，よく練れたレジュメを作成して（この作業は必要条件ですが），④の執筆しようとしても，書くうちに徐々に最初の構想（レジュメの内容）から逸れていって，こんなはずではなかったと焦り始めます。その大きな理由は，論文の命である論理に飛躍がある場合に起こります。そのようなときは，ひとまず書いた草稿をゼミの仲間や教員に読んでもらって意見を聞いてみる，それをふまえて，もう一度レジュメの構想を考える必要が生まれます。とくに論文を書く初心者には，①から④の作業は行きつ戻りつということが普通であり，「学び合い」つつ「深める」，時には「つくり直す」ということもある，これが「探究」するという営みの

コラム③　情報収集のアンテナを張る

　文献・資料調査を指導する際には、しばしば「文献であれば10冊のうち1冊、論文であれば20本のうち1本当たりがあれば上出来」といいます。これは少々大げさかもしれません。しかし、とくに探究活動の初期の段階においては、長く持続する興味やテーマをみつけるために、ピンポイントで資料収集を行うのではなく、広くアンテナを張り、視野を広げておくことが必要です。ここでは、情報収集のアンテナを張る方法をお伝えしましょう。

　まずは、優れた新書（＝その分野の研究入門書；1講次を参照）に親しむことの重要性を再確認しておきましょう。自身の研究分野だけでなく、近接の関連するさまざまな分野の優れた新書に目を通し、さまざまな分野の基礎的な理念や方法論に触れておくことが重要です。優れた新書には、たいてい「はじめに」や「序」において、その分野の基礎となる理念や方法論が明確に書かれています。そこで、新書の読み方として、まず目次を確認し、「はじめに」や「序」を読んでみることをおすすめします。

　ただし、「はじめに」や「序」に書かれている理念や方法論といった基礎的なものほど短時間では理解しづらく、反対に各論は興味深く魅力的にみえます。たとえば、渋谷秀樹『憲法への招待』（岩波新書、2001年）という本は、「はじめに」そして第1章「憲法とは何か」から始まり、第2章「人権は誰の権利か」、第3章「人権にはどういうものがあるか」と続いていきます。そして、それぞれの章に4～9つの具体的な論題が掲載されています。最も大事なことは、「はじめに」や第1章「憲法とは何か」に書いてありそうだということは見当がつきます。しかし、具体的な論題である「『いじめ』は人権問題であるといえるか」や「電話の盗聴を認める法律は違憲ではないのか」などは、それ自体多様な議論を呼び起こすものであり、これらの各論題に興味・関心が動かされます。結果として、「憲法とは何か」という最も基礎的な理念に対する理解が

> おろそかになってしまうことがあります。その分野の基礎的な理念や方法論をつかめるよう，意識して読むようにしましょう。
>
> 　次に，大学や学校の図書館に通う習慣を身につけましょう。図書館の中では，目当ての本を探すだけでなく，開架の書架を眺めながらゆっくり歩いてみましょう。本の背表紙をじっと眺めているだけで，どのような本があり，どのようなことが話題になってきたのかが頭に入ってきます。気になった本があれば手にとり，著者，タイトルと目次（本の概要を想像する），そして奥付（著者に関する情報を得たり，その本が書かれた時代状況を確認するために刊行年をチェックしたりする）などをみてみましょう。また，本屋に行くと最新の情報や，学問のトレンドを知ることができます。本屋に行った際には，新刊本や新書のコーナー，そして総合雑誌や科学雑誌のコーナーをみて回りましょう。
>
> 　最後に，さまざまな分野・領域を専門としている人とネットワークをつくり，信頼できる人から情報を教えてもらうようにしましょう。掲示板をチェックして学会・研究会に出かけたりすることで研究熱心な人々とつながり，互いに学び合いましょう。ネットサーフィンをしておもしろいブログをフォローしたり，SNSで交流したりするのもいいですね。

本質である（8〜12講次でも詳述します）と心得ておくとよいでしょう。そして，論文を書くことに熟練してくると，この4分節を意識しつつ，自分なりの執筆スタイルが生まれてくるものです。

2　探究の第一歩――「問いを立てる」ための提案

論文を書く4分節のうちで，一番大切な分節はどこでしょう

か。それは，②資料の収集・分析や④の執筆することだと思われるでしょうか。しかし，実際には①のテーマ設定＝「問いを立てる」ことが一番大切なのです。古来多くの哲学者たちが，「問いが明確に立てられれば，およそ半分以上は解決したのも同然である」という主旨のことを述べています。卒業論文などを審査する場合には，テーマが凝縮されている論文の題名をみただけで，その探究の質の高さや深さがおよそ推察できるものです。

それでは，探究の第一歩として「問いを立てる」ためには，どのようにすればよいのでしょうか。実は，「問い」には絶対の正解はありません。ここでは，「問いを立てる」ために参考になることを提案してみたいと思います。

1 当事者意識の対象化――「問い」の歴史的・社会的な背景を探る

探究を始めるとなると，「君の問題意識は何か」という質問が寄せられます。教育の世界は，私たちの日常の世界と地続きの世界ですから，問題意識をもつことは容易であるとともに，実はなかなか困難でもあります。「問題意識」とは，文字通り「問題を意識すること」であり，私たちは日々教育の世界に身を置いている当事者ですから，なんらかの「問題」を感じているはずです。「なぜ，勉強しなくてはならないのか」「どうしたら，よく勉強できるようになるのか」「なぜいじめが起こるのか」……などです。そこで，卒業論文を作成するゼミの場において，最初に発表するときなどには，このような日々感じている「問題」やマスコミなどが取り上げている「問題」を，ストレートにテーマ化しようとするようなケースが多く生まれます。

たとえば，よくあるテーマ設定としては，「学力を高める方法

に関する一考察」とか「いじめをなくす教育のあり方を求めて」などです。たしかに，取り組みたい「問題」の所在は理解できます。しかし，「問題意識」ですから，その「問題」をどのように「意識」しているのかを質問してみますと，すぐに自分たちの体験談や苦労話が返ってくる場合が多くあります。「問題を意識する」とは，少なくともその「問題」を対象化（客観的に考察）して，その「問題」に関する自分なりのスタンス（問題を肯定的に捉えるのか，または批判的に捉えるのか）が問われます。しかしながら，教育の世界に丸ごと内包されている当事者ですので，「問題意識」といっても，なかなか思いつきません。そこで改めて本書のPart Iで語られている内容を思い出してください。私たちが無意識に自明なものと考えている「問題」を対象化して探究してみようという提案となっていますので，大いに参考にしてほしいと思います。

　話を戻しましょう。「問題」を対象化して（客観的に考察して），その「問題」に対する自分なりのスタンスをもつためには，どのような方法があるのでしょうか。まずは自分の体験や経験から発する「問題」の歴史的・社会的な背景・意義を探ることが大切です。

　たとえば，現代では「学力問題」は一般の人々も関心をもちますが，その学力問題は日本において，いつ頃から現れてきたのか，日本的な特徴は何かなどを調べてみます。すると，それは決して新しい問題ではなく，強く歴史性を帯びていること，また色濃く日本的な特徴が現れてきます。

　同じく「いじめ」問題も，「昔もいじめはあった」とか「いじめは日本特有の問題だ」という捉え方が，その背景にある歴史

的・社会的背景を探ると，かなり違ってみえてきます。すると，「学力を高める方法に関する一考察」とか「いじめをなくす教育のあり方を求めて」というテーマ設定では，あまりにも大枠すぎて，たとえばそれはいつの時代のことなのかなどといった「限定」を加える必要があることが理解できるでしょう。さらには，どの国のどの地域の問題なのか（さらにはどの発達段階の子どもたちのことなのか）という限定も必要になってきます。

　読者の中には歴史を調べることは苦手という人もいるでしょう。そのような人には，映像（映画）や小説などを手がかりに，仲間たちと教育の歴史を探ってみるのもよい方法です。たとえば，壺井栄の『二十四の瞳』に描かれている世界を学力問題という視角から批評するのも，教育の歴史を豊かに深く理解する方法として興味深いと思います。ここでは，参考までに，最近DVD化された優れた教育映画をあげておきましょう（表7-1）。

　このように，自分の「問い」の歴史的・社会的な背景・意義が少しずつわかってきたら，その「問い」に関する年表づくりに取り組むことをすすめたいと思います。日本では，おそらく受験対策の影響から，高校生であっても，自分たちが生きている現代に直結している歴史（とくに第二次世界大戦後の歴史）に関する知見が乏しいと指摘されます。そこで，この私家版の年表づくりをしてみますと，自分の立てた「問い」の歴史・社会的な背景がより鮮明に理解できるようになります。すると，思いがけず，ある事件と当時の教育政策が関連していたことなどを発見して驚くことがあります。

表 7-1　代表的な教育関連の（DVD 化された）映画

1. 今井正監督『青い山脈』Cosmo Contents Co., 1949 年
2. 新藤兼人監督『原爆の子』アスミック, 1952 年
3. 今井正監督『山びこ学校』エースデュースエンタテインメント, 1952 年
4. 今井正監督『ひめゆりの塔』東映, 1953 年
5. 木下惠介監督『二十四の瞳』松竹, 1954 年
6. 家城巳代治監督『ともしび』エースデュースエンタテインメント, 1954 年
7. 山本薩夫監督『人間の壁』エースデュースエンタテインメント, 1959 年
8. 浦山桐郎監督『キューポラのある街』日活, 1962 年
9. 橘祐典監督『どぶ川学級』新日本映画社, 1972 年
10. 堀川弘通監督『翼は心につけて』紀伊國屋書店, 1978 年
11. 木村大作監督『聖職の碑』スパック, 1978 年
12. 山本薩夫監督『あゝ野麦峠』東宝, 1979 年
13. 高畑勲監督『おもひでぽろぽろ』ブエナ・ビスタ・ホーム・エンターテイメント, 1991 年
14. 山田洋次監督『学校』（Ⅰ, Ⅱ, Ⅲ, Ⅳ）　松竹ホームビデオ, 1993, 1996, 1998, 2000 年
15. 森康行監督『こんばんは　墨田区立文花中学校夜間学級』全国上映普及委員会, 2003 年
16. 井筒和幸監督『パッチギ！』ハピネット・ピクチャーズ, 2005 年
17. 新藤兼人監督『石内尋常高等小学校　花は散れども』バンダイビジュアル, 2008 年
18. 前田哲監督『ブタがいた教室』日活, 2008 年

2　問題意識から課題意識への転換
―「問い」を学術的レベルにひきあげること

　本節①では，当事者（自分）から発した「問い」を客観的に考察して「問題意識」にする方法を述べてきました。しかしながら，本格的な論文を書こうとすると，さらにこの「問題意識」は教育学や心理学という学問の世界で，どのように，どの程度研究されてきたのか，未解明な点がどこにあるのか，自分はどのように研

究を進めようとしているのかに絞り込まなくてはなりません。このように，学術レベルまで絞り込んだものを「課題意識」と称することとして，前述の「問題意識」と区別します。

　先ほどあげた「学力問題」や「いじめ問題」に関しては，すでにたくさんの書籍が出版されていて，検索システムで調べてみますと数え切れないほどの書籍や論文がヒットすることでしょう。「課題意識」まで絞り込むためにはどうすればよいのか，それらの大量の文献を前にすると茫然としてしまうことでしょう。

　そこで，私は絞り込むための有効な方法として，その問題に関する「論争」を調べてみるとよいでしょう，とアドバイスすることがあります。教育という複雑な営為に対しては，唯一絶対の解答や解決策があるわけではありません。有力な理論や方法が提起されても，必ずそれに対する批判や反論が起こります。時には両者の間に「論争」が勃発します。この「論争」を分析しますと，自分が問題にしようとしていることについて，その学問分野でどのような論点（異なる視点）があるのか，またはどのレベルで課題化されているのかをクリアに意識することができます。

　次に，教育論争を分析する際の着眼点について述べることにします。まず，論争を分析する場合には，両者に共通する論点を探ってほしいと思います。論争ですから，かなり激しく両者は対立していますが，よくみると両者には共通のスタンスがあり，だからこそ論争が成立していることがわかります。

　さらに，両者の論争を記した文献だけでなく，両者の主要な著作と依拠している教育実践にも目配りしてほしいと思います。その論争の論点を深く理解するためには，直接両者が対立している文献だけでなく，その論争の当事者の主張が体系的に記されてい

る著作を読んで，論者の主張を的確に把握する必要があります。さらに，教育論争の場合には，論者たちが依拠している（または理想としている）教育実践は何かを捉えることも大切です。

　最後に，論争の歴史（論争史）を探ってほしいと思います。同じテーマをめぐる論争は，歴史の中で繰り返し行われる場合が多いためです。論点の歴史的展開がわかってくると，そのテーマに関する理論の配置図（布置図）を描くことができます。およそ，このテーマに関してはどのような立場があるのか，その対立を教育学の全体像の中に位置づけることができるようになります。このように論争史を整理することによっても，「問題意識」が「課題意識」へと昇華していくことができます。

📖 推薦・参考図書

稲垣忠彦『戦後教育を考える』岩波新書，1984 年
梅野正信『日本映画に学ぶ教育・社会・いのち』エイデル研究所，2005 年
佐藤秀夫／小野雅章・寺崎昌男・逸見勝亮・宮澤康人編『学校の文化』（教育の文化史 2）阿吽社，2005 年
竹内洋『立志・苦学・出世——受験生の社会史』講談社学術文庫，2015 年
森田洋司『いじめとは何か——教室の問題，社会の問題』中公新書，2010 年
山内乾史・原清治編著『学力論の変遷』（論集日本の学力問題，上巻）日本図書センター，2010 年

8講次 調べる
文献・資料調査

はじめに

　人間や社会を対象とする教育学や人文・社会科学においては，探究を進める過程において，必ず本を読みます。そのため，人文・社会科学においては，学習（先人による探究の成果を学ぶ）と探究（自分で新しい学問的知見を創造する）の違いが，一見しただけではよくわかりません。筆者はしばしば，高校の先生や生徒，あるいは卒業論文を書いている大学生から，「本を読んで何かをまとめるということは，調べ学習ではないのですか。調べ学習と探究は何が違うのですか」という質問を受けます。

　そこで，8講次ではこの質問に応えるとともに，具体的な文献・資料調査の方法を述べたいと思います。なお，調べ学習と探究の違いに関わるレポートと論文の違いについては，12講次で説明します。

1　概念装置の必要性

　経済史家の内田義彦が述べるように，探究という営みの中心は，探究の対象をよくみることにあります。そして，よくみるために

は，対象をよりクリアにみせてくれるなんらかの装置が必要です。したがって，自然を探究の対象とする自然科学の場合は，顕微鏡のような物的装置が必要になります。人文・社会科学が探究の対象とする人間や社会も，自然と同じくらい複雑であり，肉眼ではよくみることができません。しかし，人間や社会に関しては，残念なことに，それをよりクリアにみせてくれる顕微鏡のような物的装置はありません。人文・社会科学の場合は，物的装置ではなく，頭の中で構築される「概念」という装置（ものの見方や考え方の枠組み）を通して，人間や社会といった対象をよくみることになります。

　次のような例を考えてみましょう。あなたは，「学力低下はどうしたら改善されるのか」という漠然とした問いをもっていたと仮定しましょう。その問いを探究するにあたって，あなたは先生からある本を読むように言われました。その本を読んでみると，学力は低下していると主張する立場，学力は低下していないと主張する立場，学力のある部分は低下しているが別の部分はむしろ向上していると主張する立場，学力水準（平均点）の低下よりも学力の格差が問題であると主張する立場，学力が低下しているかどうかはさておき，学習嫌いが増えていることが決定的な問題だと主張する立場，ほかにもまだいろいろな立場があることがわかってきました。読んでいるうちに，あなたはそもそも学力とは何かということや，「学力低下はどうしたら改善されるのか」と問うこと自体が正しいのかどうかわからなくなり，不安になってきました。

　以上のようなことは，人文・社会科学の探究を進める過程でよく起こることです。本書の3講次「学力低下」では，学力問題

に適切にアプローチするために,「学力水準」「学力格差」「学力構造」「学習意欲」という4つの視角を意識する必要が指摘されています。また,とくに「学力構造」に関わって,知識を習得し物事を理解することが,その人の価値観や振る舞いにつながるという考え方を提案し,学力形成と人格形成は統一的に行いうることを示唆しています。このように,学力問題を研究するためには,さまざまな要素の関連を明確にすることで,学力ということばに込められた体系的なものの見方や考え方を獲得する必要があるということです。

　概念という装置は,顕微鏡や望遠鏡といった重く存在感のあるものではなく,手軽に持ち運びができるメガネのようなものです。かけ続けていると,かけていることすら忘れるくらい体になじんでいきます。したがって私たちは,日常生活において,概念というメガネを通して世界をみていることを意識することはありません。それゆえに,日常生活においてかけているメガネを,探究を行う際にも無意識にもち込んでくることになります。それ自体は悪いことではありません。しかし,探究を進める過程においては,日常生活でかけているメガネは度が弱すぎて,実は世界がよくみえていなかったということに気がつきます。わかっていると思っていたことがわからなくなる,これまで疑いもしなかったことについて改めて考えてみないと一歩も先に進めなくなる。実はこれが探究の醍醐味の1つです。不安になる必要はありません。このような状態になることは,普段使っているメガネを捨てて,精度の高い学問的なメガネを手に入れつつあることを示しています。むしろ成長の証なのです。

2　本の読み方

　前節で述べたように,人文・社会科学がこれまで編み出してきたさまざまな概念は,顕微鏡と同じように,肉眼ではよくみえない人間や社会のあり方をよくみせてくれます。しかしながら,概念は,顕微鏡のような完成品として目の前に運ばれてくるわけではなく,自分の頭の中に自力でつくり上げなければなりません。人文・社会科学の探究で本を読む第一の理由は,概念を獲得するためです。

　ただし,高校までの学校の授業において,概念を獲得するような本の読み方を指導された人はあまりいないと思います。そこで次に本の読み方を,「情報として読む」と「古典として読む」とに分け,それぞれについて述べていきます。

1　情報として読む

　「情報として読む」は,容易に想像ができると思います。私たちは手にしたい情報を求めて,ウェブサイトで調べたり,テレビをみたり,本を読んだりします。探究を進める上では,常に最新の情報にアンテナを張っておくことが求められるので,「情報として読む」という読み方も必要です。また,意外に思うかもしれませんが,現代の高度に発達した情報化社会においても,新書や学術書といった,大学の授業や高校の探究活動において読むような本は,情報の密度と信頼性において,ほかのメディアとは比較にならないくらい優れています。よく,「本の書き手は一文を書

くのに3冊の本を読む必要がある」といわれます。本の書き手は，問題を多角的に検討するために，さまざまな立場から提示された大量の情報を組織し，的確に選択して提示しています。また，引用や参照を行って情報源を明示したり，さらに知りたい人のために巻末で本の紹介を行ったりしていますので，ほかの本の情報も得ることができます。このように，本を読むと，ウェブサイト等で調べるよりも，遥かに密度と信頼性の高い情報を入手することができます。

2 古典として読む

　それでは，「古典として読む」とは，どのような読み方でしょうか。そもそも古典とは何でしょうか。政治思想史家の丸山眞男は，「古典からどう学ぶか」という文章の中で，古典をクラシックの訳語とするならば，古典とは規準や規範という意味であると述べています。そして，現代においては，情報獲得競争は盛んであるが，古典から学ぶことが忘れられていると指摘しています。丸山によると，古典から学ぶとは，ものの見方・考え方の規準や規範を学ぶこと（「習熟」）であり，自分が生きている現代から意識的に自分を隔離することによって，現代の全体像を「距離を置いて」観察する目を養うことを意味します。このような学び方は，先人による探究の成果を学ぶという意味では学習ですが，情報収集である調べ学習とは明らかに質が違います。むしろ，対象をよくみるという行為である探究の基礎段階として位置づけることができるでしょう。

　古典から学ぶためには，どのような読み方をすればいいのでしょうか。これについて，丸山は，先入観を排除することや，著者

の主張に対する早のみ込みをせずに全体の文脈を考慮するよう指摘しています。また，先にあげた内田義彦は，古典の読み方を，「信じて疑え」という格言で表しています。これは，著者の主張を信じつつも，どこかで疑っていなさいという意味ではありません。ある著者の文章を読んでいて，おかしいなと思うところやつじつまが合わない箇所が出てくる。そして，読者である私にはこう書いてあるように読めるけれども，著者はなぜそのように書いたのかという疑問が出てくる。その疑問の根底には，2つの信念が働いている。1つは，ここには私にはこう読めることが書いてあるが，それはどうしても変だという，自分の読みに対する信念であり，もう1つは，著者ほどの人がでたらめを書くはずがないという，著者に対する信念である。これら2つの信念に支えられて，疑問は具体的な疑問となり，読者である私は，その疑問をとくための苦労を要する探究を開始する。内田が「信じて疑え」という格言で表現しているのは，こういうことです。

　なお，丸山の言う先入観を排除することや，内田の言う「信じて疑え」を実行することは，独力では難しいです。しかし，複数人で古典を読んでいれば，必ず解釈の違いが起こり，意見交換などする中で自身の先入観に気がついたり，著者の記述につじつまが合わない箇所がみえてきたりします。「古典として読む」という読み方を鍛えようとする際には，読書会をする仲間をもつことが重要になるでしょう。

3 文献・資料を収集する

　これまで，概念を獲得することの必要性や，本の読み方について述べてきました。ここまでの内容は，研究の中でも基礎段階で行われる文献・資料調査の方法であり，学習に近い部分もあります。探究の本格的な段階においては，先人たちの研究成果を学習する（「本で世界を読む」）ことを超えて，自分自身の目で対象に迫っていきます（「自分の本を創る」）。また，探究の成果を研究論文としてまとめ，公刊することが求められます。

　そこで本章の最後に，文献・資料の収集と整理の方法について述べます。文献・資料の収集と整理は地味ですが，研究論文においてどれほど説得力のある論証・実証ができるかを左右する重要な活動です（論証のポイントに関しては，12講次を参照）。

1 一次資料と二次資料

　資料（文献を含む）には，一次資料と二次資料があります。一次資料とは研究対象に近い生のもので，二次資料とは一次資料を加工してできた資料です。たとえば，ある学校のカリキュラム改革の歴史をもとに，その学校の学力観や指導観を浮き彫りにしたい場合，一次資料には，その学校が公刊した文献，研究紀要，研究発表会の際に配布された資料や指導案などが含まれます。それに対して二次資料には，そのような一次資料をもとにして，その学校に関してなんらかの解説や紹介を行ったものが含まれます。

　二次資料は，たとえるならば旅行のガイドブックのようなもの

コラム④　技を駆使して求める資料に出会う

　自然科学の研究において仮説の検証に使用できるデータをきちんと揃えるのと同じように，人文・社会科学の研究においては，自身の主張の確実性を見通したり，実際に自身の主張を論証するときに裏づけとなったりする資料を探し出す必要があります。もちろん，普段から情報収集のアンテナを張っておくことが重要ですが，求める資料を探索し，手元に揃える技をもつことも必要です。

　まずあげられるのは，芋づる式検索という技です。先行研究として位置づけられる文献に掲載された引用・参考文献に当たって読み，その文献に掲載された引用・参考文献にまた当たり……と，芋づるをたぐり寄せるように読んでいきます。論文でも同じです。先行研究を読んでいて，自身の研究に深く関連がありそうな箇所に関する引用・参考文献や論文があれば，必ず手元に取り寄せて読みましょう。これを繰り返して芋づる式に文献や論文を検索して収集していくことで，求める資料に出会う確率は確実に高まっていきます。

　資料を取り寄せる際には，学術情報ポータルを用いて蔵書や論文を検索するという技を使いましょう。分野によりさまざまな学術情報ポータルがあります。どの学術情報ポータルを使用すればよいのかわからない場合は，大学や学部附属図書館のHPにある学術情報ポータルを使用するのがいいでしょう。学術情報ポータルでは，キーワード検索をすれば，そのキーワードに関連する資料の情報が出てきます。また，その資料が所蔵されている機関一覧も出てきますので，取り寄せることができます。

　思わぬ収穫を得るために，取り寄せるだけでなく，実際に所蔵されている機関に出向き，書架に入らせてもらうことも重要です。求める資料の周辺に所蔵されているものに，貴重な資料があったりします。また，キーワード検索する際に，特定の検索ワードで済ませてしまうのではなく，検索ワードをさまざまに工夫することをおすすめします。検索ワードをいろいろと変換して検索をかけているう

> ちに，思わぬ収穫があったりするものです。情報のほうから歩み寄ってくるような，「鴨が葱を背負ってくる」という事態を自らつくりだすことが重要です。
>
> 　ただし，研究の初心者にとっては，学術情報ポータルで得た大量の情報の価値を判断し，適切な情報を選択するのは，難しいことです。くれぐれも新書を読むことの重要性を忘れないようにしてください。また，学術情報ポータルによっては，パスファインダーと呼ばれる，利用者が特定のテーマに関する情報収集を行う際の足がかりとなる，図書館資料のガイドやチェックリストを作成している場合があります。千葉大学附属図書館などは，実際に開講している授業と関連させたパスファインダーを開設しています。パスファインダーは，関連する資料をガイドしてくれるだけではなく，探索スキルそのものを身につけられるように工夫されています。是非使ってみてください。

です。旅行に行く際は，ガイドブックを参照しながら，その土地の基本的な要素（気候，通貨，文化など）を把握し，観光名所や魅力的なイベント等について情報を獲得します。研究も，このようにして，優れた二次資料にガイドしてもらうことが重要です。

　しかし，ガイドブックに頼りきって旅をすることで，旅の本来の楽しさを味わうことができない場合があるのと同じように，二次資料を読んで研究対象について理解したつもりになってはいけません。また，研究論文にはオリジナリティが必要であり，先行する研究のいずれもが明らかにできなかった点を明らかにすることが求められます。したがって，研究を進めるどこかの段階で必ず一次資料に当たり，二次資料を相対化することが必要になります。

　そこで，資料収集を行う際には，一次資料と二次資料を区別し

つつ，徐々に一次資料を重点的に集めるようにしましょう。もちろん，研究の「問い」が変化する過程で，何が一次資料・二次資料になるのかも変化していきます。その都度，一次資料・二次資料を区別し直すようにしましょう。

2 文献・論文の整理

研究の「問い」は変化しますし，研究が進むにつれて文献・論文の解釈も変化していきます。したがって，一度読んだ文献・論文は，二度と読まなくていいわけではありません。メモをとっていたとしても，何度も本文を読み直さなければなりません。そのため，収集した文献・論文は，必ず手元に置いておくようにしましょう。

手元に収集した文献・論文は，文献ならば背表紙がみえるように並べ，常にその背表紙が視界に入るようにします。論文や資料ならば，タイトルがみえるようにファイリングしていきます。論文がたまりファイルが複数になってきたら，ファイルの名前や小見出しを考えます。ファイリングの順序を変え，ファイルの名前や小見出しを変化させることで，研究内容を構造化していきます。

同時に，文献リストを作成しましょう。著者順や年代順に並べたり，トピックや論点ごとに並べたりします。また，○（＝入手済み既読），△（＝入手済み未読），×（＝未入手未読）といった分類記号をつけておくと，研究の確かな進展を助けてくれます。

推薦・参考図書

内田義彦『読書と社会科学』岩波新書，1985年
苅谷剛彦『知的複眼思考法』講談社，1996年

紀田順一郎『読書の整理学』朝日文庫，1986年
河野哲也『レポート・論文の書き方入門』第3版，慶應義塾大学出版会，2002年
花井等・若松篤『論文の書き方マニュアル——ステップ式リサーチ戦略のすすめ』新版，有斐閣アルマ，2014年
丸山眞男『「文明論之概略」を読む』(上巻) 岩波新書，1986年

9講次 フィールドに行く
現実を捉える方法

はじめに

　誰もが，自分の経験をもとに学校や教育についてのイメージをもっています。そしてそれをもとに教育の問題を議論することが少なくありません。しかし，人によって経験は違いますし，同じ経験をしても受け取り方は異なります。また，同じ人でも年月を経るうちに考え方が変化することがあります。そのため，研究のためには，現実を客観的に認識し，それを土台に議論する必要があります。

　つまり，なぜフィールドに行くかというと，現実を捉える最も直接的な方法が，研究対象が生きている場（フィールド：field）に行って，その日常の姿をみることだからです。たとえば，子どもたちの学びを研究するために学校に行き，授業を参観したり，教師や子どもたちにインタビューをしたりすることです。しかし，フィールドに足を運ぶにしても，目的や観点がはっきりしていなければ，重要なことを見逃してしまいます。フィールドで何をみるのかが重要になってくるのです。そこで9講次では，フィールドに行く際に考えておきたいことを整理します。

1 研究のデザイン

　まずはフィールドに行く前に，自分の問題意識から研究課題を具体化し，それに合った研究手続きを決めます。前講次までの内容をふまえて，探究の問いを立て，それに関して文献調査をしておくことが必要です。その上で，フィールドに行くことが必要かどうか，フィールドでどのような調査が必要かを確認しましょう。

　フィールドで行う調査の方法には，大きく分けると量的アプローチと質的アプローチとがあります（コラム⑬「研究方法論」を参照）。量的アプローチは，質問紙等を用い，数量化を通して現象を理解しようとする研究です。たとえば，中学校の授業が画一的かどうかを調べるために，複数の中学校に授業の形態についてアンケートを行うといったことです（コラム⑥「アンケート（質問紙調査）をしてみよう」を参照）。一方，質的アプローチは，その現象を生み出し，維持し，変容させている実際の様子を，当事者たちの実態を理解しながら明らかにしようとします。たとえば前述の問いに対して，実際に中学校の授業を観察し，そこでの教師の発言や生徒の学習の様子を分析するといった方法をとります。教育研究においては1980年代以降，ケース・スタディ，デザイン実験，アクション・リサーチなどの質的研究が発展しました。

　とくに，質的アプローチでは，フィールドでの調査がより複雑になるので，以下では質的研究を中心に説明します。ただし，量的アプローチをとる場合も，協力依頼など調査の手続きには共通する部分もありますので，参考にしてください。

フィールドでの調査には、いくつかの方法があります。以下では、関口（2013）にならって、代表的なものをあげます。実際には、複数の方法を併用して、さまざまな角度から分析を進めることが望ましいでしょう。

1 観　察

観察は、フィールドワークの最も基本的な手続きです。授業研究において、教室の横や後ろで授業の様子を参観し、見たり聞いたりした事実を記録することはこれに当たります。一般的に、できるだけ通常の状況を観察するために、調査者は調査対象の人々に働きかけることはしません。ただし、調査者が学習支援員や教師などの役割をもって研究対象の人々と関わりながらその活動を観察することもあり、これを「参与観察」といいます。参与観察は、当事者たちと深く接するため、かなり詳細で正確な情報が得られる利点があります。しかし一方で、演じる役割によって、得られる情報の面や質が限定されてしまうリスクもあります。たとえば、調査者が教師であれば、子どもたちが教師に対するときの振る舞いは観察しやすいですが、友人たちだけのときにみせる別の一面があれば、それを見落としてしまう可能性が高いということです。

2 インタビュー（面接）

インタビューでは、当事者たちに直接会って話を聞きます。観察と組み合わせて実施することで、外からはみえない当事者の考えや思いを聞き出すことができます。

インタビューの形式はさまざまです。よくイメージされるのは

コラム⑤ インタビューをしてみよう

　社会的な調査を行うにあたっては，調査者がテーマに関連する人々に会って直接話を聞くインタビューも，重要な調査方法となります。インタビューでは，アンケートのように多数を調査対象とすることはできない半面，調査対象者の認識や意見を深く調査することができます。インタビューを行う際には，まず目的を明確にし，その目的に応じて適した調査対象者と方法を選ぶことが重要です。

　インタビューについては，あらかじめ質問項目を用意して聞き取る構造化インタビューと，事前に大まかな質問項目を決めておいて，調査対象者の答えによってさらに詳細を尋ねる半構造化インタビュー，調査対象者に自由に語ってもらう非構造化インタビューの3つに大きく分けられます。構造化されればされるほど，調査者が調査対象者に尋ねたい内容を尋ねやすくなる半面，調査者が調査対象者の答えを方向づけしてしまう懸念も大きくなります。一方，非構造化したインタビューでは，調査対象者の語りたいことを語ってもらえる余地が大きくなる半面，調査者が尋ねたかったことを尋ねきれないという限界もあります。

　インタビューを依頼する際には，目的と必要な時間，インタビューを行う場所などを調査対象者に伝えて了解をもらいます。構造化インタビューや半構造化インタビューを行う場合には，質問項目についてもあらかじめ伝えておくとよいでしょう。インタビューを正確に記録するためには録画・録音できれば理想的ですが，録画・録音にはあらかじめ調査対象者の了解を得ることが必須です。なお，本を執筆している著者にインタビューする場合は，本に書かれていることはあらかじめ読んだ上で質問項目を考えることがマナーです。

　インタビューのデータについては，録画・録音，ノートや記憶などを用いて，できるだけ正確に文字化します。調査対象者の無意識にある思いなどを聞き取りたい場合には，言いよどみや繰り返しなども，できるだけそのまま文字にすることが重要な場合もあります。

しかし，調査対象者から聞き取った情報の内容が重要な場合は，調査対象者の了解を得た上で，意味が正確に伝わる範囲で文章を整えることも許容されます。

　文字化したインタビューのデータについては，レポートや論文などの形で公開する前に，調査対象者に確認してもらいます。データの引用にあたっては，調査対象者の意図に反するデータが公開されることがないようにしなくてはなりません。調査対象者が匿名による公開を希望する場合には，氏名を伏せるだけでなく，調査対象者が特定されるような情報をインタビューのデータから削るといった配慮も必要です。子どもの氏名などを出す場合は，保護者の許可も得ることが求められます。調査対象者の了解が得られれば，調査者と調査対象者の氏名，インタビューの日時と場所を明記した上で，データを引用します。

　なお，インタビューのデータを分析するにあたっては，調査対象者がどのような立場から語っているのかに注目するとともに，調査対象者の選定自体が偏っていないかについても自覚的に検討しておくことが重要です。より多面的，包括的かつ妥当性の高い知見を得るためには，複数の調査方法，調査者と調査対象者・データ源，空間的・時間的設定，理論的立場などを組み合わせて用いる「トライアンギュレーション」を行うことが有効です。たとえば，1つの学校の状況について調査する際には，教師や管理職，生徒や保護者など，異なる立場の人にインタビューすることが有意義でしょう。

推薦・参考図書

今田高俊編『社会学研究法――リアリティの捉え方』有斐閣，2000年

フリック，U.（小田博志ほか訳）『質的研究入門――〈人間の科学〉のための方法論』春秋社，2002年

インタビューのために時間と場所を確保して行う形式ですが，特別な場所やまとまった時間がない廊下での立ち話や，食事中の会

話などもインタビューとして利用できます。そうした機会のほうが，相手の考え方や思いが現れやすい場合もあります。質問項目については，あらかじめ完全に決めてしまう構造化インタビューと，当事者の話の流れに任せる非構造化インタビューなどがあります（コラム⑤「インタビューをしてみよう」を参照）。また，インタビューの際には相手の考えを引き出しやすくする資料を利用することもあります。たとえば，授業に関する話を聞く際に，指導案，子どもの作品，授業中に撮影したビデオをみるといったことです。

　どのような形式のインタビューであれ，調査の日時や場所，その周りの状況も含めて，得られた内容について詳細な記録をとることが原則です。記録については，後述します。

③ 質　問　紙

　質問紙は，同じ質問を大人数にしたいときに役立ちます。量的研究においてメインの方法ですが，質的研究でも用いられます。回答形式が選択肢の中から選ぶものだと，回答の集計や分析はしやすいですが，あらかじめ答えが決められているため，回答者の真の意図が汲みとれなかったり，回答が誘導されたりするリスクがあります。自由回答型で文章を書いてもらう形式では，集計や分析は複雑になりますが，回答者自身の考えをより忠実に引き出せます。

④ 実　　　験

　ある特別な学習法，教材，カリキュラムなどを計画し，それをある学級や学校で実施して効果を調べるといった方法です。量的研究では，実験群と対照群（統制群）を用意し，1つの条件のみ

コラム⑥　アンケート（質問紙調査）をしてみよう

　社会的な調査を行う方法として，多くの人がまず思い浮かべるのが，アンケートでしょう。アンケートとは，調査事項や回答記入欄などが記載された質問紙を用いて調査する方法です。アンケートでは，単純で適切な質問を設定し，協力的な回答者を得られれば，一度に多くの対象者を調査することができるという利点があります。

　アンケートの実施にあたっては，まず，調査の企画を立てます。問題意識を明確にするとともに，すでに行われた調査から得られるデータや知見が何をどの程度調べているのかを確認した上で，自分の調査テーマを確定します。

　次に，調査を設計します。調査対象や質問紙の配付・回収の方法を決めるとともに，質問紙を作成します。調査対象については，調べようとしている問いに対応して適切な対象を選ぶ必要があります。しかしながら現実には，配付や回収にかかる予算や時間などの制約により，調査対象が限られている場合もあるでしょう。その場合は，調査対象にふさわしいように調査目的を設定することが求められます。

　質問紙の作成にあたっては，調査テーマをふまえて，具体的な質問文をつくることが必要となります。質問文をつくる際は，第一に，難解な用語や曖昧な用語を避けることが重要です。たとえば，「環境問題に対する人々の意識と行動」について調査をしたいと考えたとして，「あなたは環境問題に関心がありますか，それともありませんか」と尋ねるのは，適切ではありません。なぜならば，環境問題にはゴミ問題や大気汚染，地球温暖化などさまざまなものがあり，またどの程度，関心があれば関心があるといえるのか，多様な解釈が可能だからです。第二に，1つの質問に含む論点は1つに絞らなくてはなりません。たとえば，「あなたは，節電をしたり，ゴミの減量化に取り組んだりしていますか」という質問では，節電とゴミの減量化のどちらかしかしていない人はどう答えてよいのかわか

りません。第三に,誘導的な質問を排除することが重要です。回答を方向づけるような説明文を付すことや,回答者の価値判断を誘導するようなステレオタイプな用語を用いることは避けるといった工夫が求められます。回答者にとっての回答のしやすさや調査項目の重要性などを考慮して,質問文の配置を検討することも重要です。一般的に,年齢や性別,職業などの回答者の属性を尋ねる質問項目は,最後に配置されます。

　回答者の労力を軽減する観点から,回答のタイプについては選択肢から選ぶ形式を基本とし,自由記述は必要最小限とするのが望ましいでしょう。選択肢については,内容に重複がないもの,想定されるすべての回答が網羅されるものを用意することが求められます。

　質問紙の表紙には,調査の名称,調査主体と連絡先,依頼状を別に用意しない場合は依頼の文面,回収日時と回収方法,記入上の注意を載せておくことが必要です。依頼の文面の中では,調査の目的や用途,回答結果の利用方法,プライバシー保護の確約などを明記します。

　こうして完成した質問紙については,できれば予備調査を行い,不備な点について改善を図った上で,本調査を行うことが有意義です。調査を実施したら,表計算ソフトなどを用いて結果をデータ化して分析し,報告書などの形で結果を公表します。

　これらのプロセスでは一貫して,社会調査についての「一般社団法人　社会調査協会の倫理規定」(http://jasr.or.jp/jasr/documents/rinrikitei.pdf)を遵守することが必須です。熟読しておきましょう。

📔 推薦・参考図書

大谷信介ほか編著『社会調査へのアプローチ——論理と方法』第2版,ミネルヴァ書房,2005年

安藤明之『初めてでもできる社会調査・アンケート調査とデータ解析——社会調査士カリキュラムA〜DおよびEに対応』第2版,日本評論社,2013年

を変えて結果を比較することが基本になります。たとえば，毎朝10分読書をする効果を検証するために，同じような状況の学校を集めて，朝の読書を実施する学校（実験群）と，行わない学校（対照群）とに区別して成果を比べるといった具合です。質的研究では，実験群のみを用意し，そこで起こった現象を分析したり要因を探ったりするアプローチ（たとえば，朝の読書を行ったときに生じる児童の学習意欲の変化や，教科学習との関連などの分析）をとることができます。こうした実験の過程では詳細な観察を行い，結果をまとめる際には当事者へのインタビューや実験中につくられた作品の分析などを多角的に利用するのが通例です。

2 フィールドに入る

　フィールドの候補が決まったら，研究への協力を依頼しなければなりません。教育研究では，学校がよくフィールドになります。学校へ依頼する場合，その依頼を承諾するかどうかの判断は最終的には学校長が行いますので，学校長に直接，研究への協力を依頼します。しかし，円滑に研究を進めるためには，データ収集で最も関わりが出てくる教員をはじめとして，ほかの教員の協力が不可欠です。その学校に以前から知り合いの教員がいる場合は，その教員を通して学校長に内諾をとることができるかもしれません。その場合も，面会して研究についての詳細な説明を文書と口頭で行い，正式に許可をとります。

　依頼の際には，資料9-1のような依頼状をつくります。相手に理解できるわかりやすいことばで，研究の目的や手続きについ

資料9-1　依頼状の例

〇〇年〇月〇日

〇〇〇〇学校
校長　〇〇　〇〇　様

（　所属　・　学年　）
（　氏名　）

卒業研究へのご協力のお願い

拝啓　〇〇の候　益々ご清祥のこととお慶び申し上げます。
　私は，〇〇大学〇〇学部の〇〇と申します。現在，「思考力を育成する評価方法」をテーマとして卒業研究を進めております。その中で，貴校が，思考力の育成に関する優れた取り組みをなさっていると伺いました。そこでぜひ，その教育実践およびそこでの評価方法を具体的に参観するとともに，とくに評価に関するインタビューをさせていただきたいと考えております。
　つきましては，下記の要領で研究にご協力いただけませんでしょうか。詳細については，改めてご相談させていただけると幸いです。なお，得られた情報は卒業論文作成の目的以外には決して使用いたしません。また，個人情報の取り扱いには十分留意し，論文には個人が特定されない形で記述いたします。卒業論文の作成を終えた後には，その内容について必ずフィードバックいたします。
　お忙しい中，誠に恐縮ではございますが，何卒よろしくお願いいたします。

記
目　的：　思考力の育成方法およびその評価方法を明らかにする
日　時：　〇〇年〇月から〇月の約〇日間
授業参観：　高学年1学級，1〜2教科，1単元の授業を継続して参観
記録方法：　筆記，写真撮影，ビデオ撮影
インタビュー：　参観した授業の担当教師に実施

以上

敬具

（　所属　・　学年　）（　氏名　）
連絡先：　（住所）（電話番号）（メールアドレス）

指導教員：　（所属）（氏名）
（連絡先）

て，明確かつ簡潔に伝えることが大切です。論文の内容に関しても，専門用語はなるべく使わないで説明するようにしましょう。データ収集の方法や内容，個人情報の取り扱いについても明記します。実際の調査日時や内容の詳細については，相手と相談して決定します。学校の会議や行事などの都合や，学級の状況などに配慮して，無理のない調査計画を立てる必要があります。

　こうした手続きを経て，研究の目的と具体的な内容について現場の方々から理解を十分に得ておくことで，データ収集に積極的な協力を得られる場合があります。

3　記録をとる——事実と解釈を区別する

　フィールドでは，研究対象となる状況や脈絡，当事者たちの発話や行為について，できるだけ細かくメモをとることが必要です。そのメモは，走り書きや，独自の記号が入っていても構いません。たとえば授業場面の記録では，教師をT，生徒をSやC，板書をB，といった記号で表すことがあります。どの生徒かを特定して記録したい場合は，あらかじめ名前の入った座席表を用意しておくと便利です。

　フィールドを離れた後には，メモをもとに，その情景を思い出して観察記録をつくります。実際に研究の分析で用いるのは，この観察記録です。観察記録のポイントとしては，たとえば次のような点があります。①忘れないうちにすぐに作成する，②事実と，自分の解釈や意見とを区別して書く，③要約せず具体的に書く，④研究の目的に応じて，必要な詳細さで記録をつくる，⑤ほかの

人にも分析可能な記録をつくる。

　観察記録は、フィールドを離れた後できるだけ早く作成します。時間が経つと記憶が薄れてしまうためです。フィールド内で詳細なメモがとれる場合は、フィールドメモを観察記録と兼ねても構いませんが、メモを見て整理し直す中で改めてみえてくるものもありますので、観察記録を書くことをおすすめします。なお、音声や映像の記録があっても、観察記録は必ず作成します。ビデオカメラやレコーダーなど機器による記録は時として失敗していることもありますし、ビデオカメラに写っていない部分の出来事やレコーダーでは記録できない視覚情報（表情や動作など）もありますので、終わったらすぐに確認し、うまくとれていなかった場合には、ただちに記憶とメモを頼りに詳細な観察記録をつけます。記録されていたら、自分のメモや記憶をその記録と照らし合わせながら、観察記録を書きます。

　観察記録を書く際には、事実と、それに対する自分の解釈や意見とを区別して書く必要があります。たとえば、数学の授業で教師が黒板に2次方程式の解の公式を書いた場面をイメージしてください。多くの生徒がその公式をノートに書き写す中、一人手を動かさずに黒板をみていた生徒Nさんがいたとします。そのときに、「Nさんは、手を動かさずに黒板に書かれた式をじっとみていた」という記述は事実の記述ですが、「Nさんは、2次方程式の解の公式を覚えようとしているようだった」と書くのは書き手の解釈であり推測です。Nさんは、単に視力が弱く文字が見えづらかったのかもしれません。また、「覚えようとしているようだった」という記述からは、何回も式を書き写していたり、小さな声で唱えていたりする行為も推測されてしまい、事実がみ

えません。よって，事実と解釈を区別し，まず明確な事実を記録しておくことは，研究の信頼性を高めるために必須です。

　同様の理由から，観察記録は要約せず事実を具体的に記録します。たとえば，上の例で，「教師は，2次方程式の解の公式を生徒に提示した」と書くのは要約です。どのように提示したのかがわからないためです。具体的に書くと，「教師は『2次方程式は，この公式を使って解くことができます』と言って，黒板に黄色のチョークで『解の公式：$x=(-b\pm\sqrt{b^2-4ac})/2a$』と書いた」となります。こう書くことで，提示の方法や発言，板書といった教師の行為を具体的に分析できます。教育実践でよく用いられる「机間(かん)指導」や「支援」といった専門用語を使うときにも，実際に起こっているさまざまな出来事を隠してしまっていないか気をつけましょう。たとえば，「机間指導」といっても，教室内を歩いて生徒のノートの記述を確認しているのか，生徒たちのディスカッションの内容を聞いているのか，寝ている生徒を起こすなど学習態度を正そうとしているのかわかりません。

　もちろん，行為や状況をどの程度詳細に記録するかは，必要に応じて異なります。発言を秒単位で分析するのであれば，逐語記録が必要ですし，関係性を捉えるのであれば個人の特定とともに行為や視線の分析も必要になってくるかもしれません。記録をとる際には，その目的に合わせることが大切です。

　また，観察記録は，ほかの人にも分析可能なデータとなる必要があります。研究は単なる個人的な営みではなく，多くの先行研究の蓄積の上に，新たな調査や分析を加えるものです。つまり，どんな調査データも，その分野の研究の発展に寄与しうる共有財産ともいえます。そう考えると，観察記録はほかの人にも確認・

理解できるものでなくてはなりません。

4 フィールドへのフォローアップ

　観察記録後のデータの分析，研究の深め方，学び合い方，論じ方などについては10講次以降で詳述しますが，ここでは，フィールドとの関係上必要なことを記しておきます。

　調査でお世話になった方には，はがき1枚でもよいので，できるだけ早く調査協力に対する礼状を書きましょう。相手の厚意に対して感謝の気持ちを伝えるのが目的ですから，短いものでも構いません。フィールドで得た関係は，一時的なものではなく今後も続いていくと考え，長い目で信頼関係を築く姿勢が大切です。

　研究成果がまとまったら，完成の報告をするのが礼儀です。論文であればコピーを，研究発表会などがある場合はその資料などを同封して，感謝の気持ちとともに届けましょう。

推薦・参考図書

秋田喜代美・能智正博監修／秋田喜代美・藤江康彦編著『はじめての質的研究法――事例から学ぶ（教育・学習編）』東京図書，2007年

佐藤郁哉『フィールドワークの技法――問いを育てる，仮説をきたえる』新曜社，2002年

関口靖広『教育研究のための質的研究法講座』北大路書房，2013年

二杉孝司・藤川大祐・上條晴夫編著『授業分析の基礎技術――21世紀の授業』学事出版，2002年

10講次 学び合う
議論するためのスキル

はじめに

　文献調査でもフィールドワークでも，テーマに沿って集めたデータをもとに論を展開します。その具体的な分析や理論化の方法は，分野や研究手法によってさまざまですので個別に取り上げることはできませんが，ここでは，どのような方法をとるにせよ，その過程で行う必要がある「学び合い」について述べることとします。

　学び合いは，単純に知識を教え教わることではありません。探究的な学びにおける学び合いとは，その探究を促進する他者との関わり，つまり質問や意見を出し合いそれへ応答するといった対話的な議論なのです。

1 学び合いとしての議論

　真理を探究するには，他者との対話を行うことが不可欠です。なぜならば，どんな真理も，人間同士の対話から生まれたものといえるからです。人の価値観に関わるものはもちろんのこと，人

の意思とは関わりないと思われる自然界の原理でさえ，それが発見され原理として認められる過程には，人間同士の対話が存在しています。あなたも，何かを探究しようとするときには，自分の主張を他者に伝え，それに対しての意見や疑問を受け取り，応答していく中で自分の意見を再形成し，検証していく議論が必要なのです。

ただし，こうした議論のすべてが有意義な学び合いにつながるというわけではありません。議論の目的には次の4種があり，それぞれ相手や状況や方法が異なります（クルーシアス・チャンネル，2004, xvi頁）。

> ①真理の探究：真理を探究するために，自分自身や友人同僚に対して質問し対話する。
> ②論証すること：自分の主張に同意させるために，他者を論理的に納得させる。
> ③説得すること：他者の行動を促すために，論理と感情に訴える。
> ④交渉すること：合意を形成するために，対立している人との妥協点をみつける。

もっとも，この4つの目的は完全に相互に背反するものなのではなく，重なりや関連もあります。たとえば，交渉するために，相手を説得したり納得させたりする場面もあるでしょう。また，多くの研究においては，真理の探究のための議論を通して得た成果について，その結果を他者と共有し，合意をとりつけるための論証（②）を行います。環境などの現実的な問題に関する議論に

ついては,大きな目的は解決に向けて他者の行動を促すこと(③)にありますが,そのために真理を探究したり,意見の異なる他者を説得したり交渉したりします。こうした関連はあるものの,議論の最終的な目的を考えると,議論の重点が異なることがわかるでしょう。

　こうした議論のうち,学びを促進するのは真理の探究を目的とした議論(①)だといえます。逆にいえば,相手を議論で負かしたり,意見や行動を変えさせたりすることを目的とする議論は,探究のための学び合いにはなりません。真理の探究は友好的な問いかけから始まり,対話が続きます。そこでの質問や対話の目的は,決して論者の間違いを非難したり,異なる意見の正しさを証明したりすることではなく,異なる意見を検討し,探究を進めることにあります。このプロセスが,双方にとっての学びになるのです。

2　質問の質を高める

　探究するテーマについてある程度リサーチした後に,仲間同士でその中身について質問し合いましょう。データの真偽,分析の妥当性や意義など,多様な質問が出てくるでしょう。そうした質問に答える中で,データのもつ意味を再確認したり,研究手法の信頼性を確認したり,データをよみといて解釈し直したり,全体像を確認したりできます。質問が出ることは決して探究の不備を表しているのではありません。もちろん想定できる質問にはあらかじめ準備しておくことができますが,それ以上に,人は無自覚

のうちにさまざまな考察をしているものです。他者との対話の中で，自分自身の解釈や視点の偏りに気づいたり，想定できなかった考え方を得たりします。

　こう考えると，何をどのように質問するかが重要になります。質問によって，探究が深まったり発展したりするからです。互いの学びにつながる質問をするには，リサーチの目的や意図を適切にふまえ，論点をつかんでおく必要があります。そのためにはまず，論者の話をしっかりと聞き，主張を分析し，納得しようとすることが必要です。その上で，探究の意義やデータの真偽，分析などについて質問しましょう。

　建設的な議論を行う上で役立つ質問として，表10-1に示した「真理探究のための質問」があげられます。これらの質問は，自分自身の探究に対する自己確認としても役に立ちます。

　いくつかの点についてみてみましょう。②は，異なるニュアンスで使われることばや適用範囲の広いことばがあるので，重要語句の意味内容や条件を丁寧に検討する必要を述べています。たとえば，「平等」を主張するとき，その「平等」は誰にとっての，何についての平等かといったことです。⑦は，比喩や比較がある場合，それは妥当なものかを検討する必要を示しています。⑧では，論者の過去の経験やそう主張するに至った経緯を理解することが促されています。意見に偏りがある場合，是非を判断する前に，その理由や，主張によって何を得ようとしているのかを理解してみようというのです。これは同時に，その主張に異議を唱えることで何が得られるかを考えることでもあります。⑨は，その議論が究極的には何を求めているのかという問いです。そして⑩は，議論が，公平かつ明快に対立意見を提示し，その意見をまじ

表10-1 真理探究のための質問

①ある問題点に対して、論者の見解が理解できているかどうか自問しなさい。
②議論の中心になっていると思われる言葉の意味を吟味しなさい。
③論点を支えている根拠はなにか自問しなさい。
④論点と根拠はどんな前提の上になりたっているかを問うてみなさい。
⑤その議論が表しているあるいは含意している価値について自問しなさい。
⑥根拠がきちんとあげられているか自問しなさい。
⑦比喩や比較を考えなさい。
⑧論者の意見の偏りと背景を考えてみなさい。
⑨含意していることを自問してみなさい。
⑩議論が対立意見を考慮しているか自問してみなさい。

(出所) クルーシアス・チャンネル, 2004 より作成。

めに受けとって反論しているかを確認するものです。自分の考え方を絶対視するあまり、感情的に対立する意見を歪曲したり、笑いの種にしたりしてしまうことがよくあるためです。

　もちろん、こうした質問は、どんな議論にも同じように機械的に当てはめられるわけではありません。それぞれの議論に合った質問をみつけることが必要です。そのためには、質問する前に論者の主張を丁寧に聞き、構造や内容を理解する必要があります。あわてて自分の意見を主張しないで、論者の意見をじっくり吟味しながら受けとめましょう。ほかの人に自分の意見をじっくり聞いてもらいたいなら、あなたも急いで判断せず人の意見に注意深く耳を傾ける必要があるのです。その上で思慮深い質問をすることで、新たな意見を発見し構築するような学び合いになります。

3 論理を分析し構成する

　表10-1の③や④や⑥は，その論理を明瞭で強固にするための質問といえます。こうした論理の分析によく用いられるのは，哲学者トゥールミン（Toulmin, S. E.：1922-2009）が提唱したトゥールミン・モデルです。このモデルは，他者と理解を深め学び合う議論をする手助けになりますので，少し詳しくみてみましょう。

　トゥールミンは，論理構造を考える際に従来用いられてきた三段論法――「小前提（AはBである）と大前提（CはAである）があるとき，したがって結論（CはBである）」というモデル――では，理由づけの分析が十分にできないとして，各部分の関係がより明瞭になるようなモデルを提唱しました。それがトゥールミン・モデルと呼ばれるものです。

　このモデルでは，論理の構造が，「C（Claim）：主張や結論」「D（Data）：事実」「W（Warrant）：論拠」「R（Reservation）：例外」「Q（Qualifier）：限定詞」「B（Backing）：論拠の裏づけ」という6項目に整理され，図10-1のように構造化されます。

　まず，論証の柱は「主張や結論（C）」と，その主張の根拠となる「事実（D）」です。ただし，1つの事実がいつも同じ結論を導くとは限りません。たとえば，「1カ月後のゼミの報告レジュメをつくり終えた」という事実（D）があるときに，「意欲的に取り組んでいる（C-1）」と結論づけることもできれば，「十分に考えようとしていない（C-2）」と結論づけることもできます。この違いは，事実から主張を導く途中にある考え方，つまり「論拠

図 10-1　トゥールミン・モデル

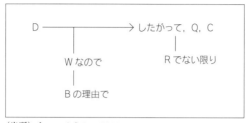

(出所) トゥールミン，2011。

(W)」の違いから生まれます。1カ月前に報告レジュメをつくり終えた (D) のは，「早くから課題に取り組み始めたからである (W-1)」と考えれば，「意欲的だ (C-1)」と考えられますし，「もっと考えを深める時間があるが，していない (W-2)」と考えれば，「十分に考えようとしていない (C-2)」といえることになります。

　ただし，これらの結論が，事実から論拠をもってどの程度確実に導かれるかはわかりません。それを明示するのが「限定詞 (Q)」です。「おそらく」「必然的に」「通常」といった副詞です。あるいは，「例外 (R)」の場合を除くといった条件も考慮する必要があるかもしれません。上の例でいえば，レジュメを1カ月前につくり終えた (D) ということは，早くから課題に取り組み始めたからである (W-1) ので，「先輩が去年つくったレジュメを写したのでない限り (R)」「おそらく (Q)」「意欲的に取り組んでいる (C)」といった形式になります。

　そしてさらに，こうした論拠 (W) が生み出された理由を考えると，その背後に異なる「論拠の裏づけ (B)」があることに気づきます。つまり，W-1の裏には「意欲をもった課題には早く取

り組み始める（B-1）」という理由がありますし，W-2には「時間をかけるほど考えは深められる（B-2）」という理由があります。あるいは，「ゼミまでの1カ月間教育実習で忙しくなる（B-2）」といった特別な理由や，「レジュメと資料を事前に参加者に配布して目を通してもらわなければならないほど報告内容が多い（B-3）」といった物理的な理由があるかもしれません。いずれにせよ，論拠（W）に示す仮説的な事柄を保障するような事実が存在するのです。

こうした論証の分析は，回りくどいものにみえるかもしれません。ですが，日常的には説明されないことが多いこれらの項目を意識して論理を丁寧に吟味することが，主張を相互に理解し，議論を深めることにつながるのです。

4 学び合うための心得

以上のように，建設的に探究を進める質問や対話を通して議論を進め，学び合うことができます。しかしそこでは，議論の作法のみではなく人間同士の関係性が影響を及ぼします。この点を考慮して最後に，学び合ううえで必要となる関係性の特質として「互恵性」「対等性」「許容性」「自発性」について述べておきたいと思います。

「互恵性」とは，教え手と学び手が定まっていて一方的に学びがもたらされるというのではなくて，お互いが学び手にも教え手にもなる関係性のことをさします。そして「対等性」とは，探究や学び合いにおいては互いが同じ立場の仲間であり，意見を表明

コラム⑦　レジュメの書き方

　大学に入って頻繁に耳にするようになることばの1つに「レジュメ」があります。高校までの授業での配布物は「ワークシート」や「プリント」と呼ばれることが主ですが，大学の授業での配布物は「ハンドアウト」や「レジュメ」と呼ばれます。

　ワークシートは学習活動や作業をするための欄が設けられている紙ですが，プリントは印刷したものという意味で，どのような内容であっても構いません。つまり，テストであってもプリントです。ただし，印刷された配布物をプリントと呼ぶのは和製英語で，正しい英語では配布物はハンドアウトといいます。そのため最近は，高校までの先生にもハンドアウトと呼ぶ人が増えてきています。

　一方の「レジュメ」は，原語はフランス語（résumé）で，要約という意味です。つまり，講義なら講義内容の，ゼミの報告なら報告内容の要点が書かれており，聞き手が話の内容を理解するのを助ける配布資料のことを「レジュメ」と呼ぶのです。

　ゼミや演習で報告を行うときに，多くの場合，報告をわかりやすくするためにレジュメをつくり配布します。レジュメは，箇条書きの場合と，要約を文章で書く場合があります。いずれにせよ，聞き手の理解を助けるという目的をふまえれば，全体の流れや発表内容の要点を示すことが重要です。適切に内容を区切り，各部分の内容を端的に表す見出しをつけ，見出し番号をふっておきます。論文などの内容報告であれば，もとの論文の見出しやページ数との対応も明示しておきましょう（次頁の「レジュメの例」を参照）。

　レジュメに書いてある通りの順で報告することで，聞き手は，全体の中のどの部分が話されているのかがわかりやすくなります。そのため，レジュメをつくる際には，聞き手が理解しやすい報告の順序を考えて内容を並べておきます。

　必要に応じて，口頭の説明ではわかりにくい内容を，図や資料で示すことも有意義です。図や資料には，図1，資料2などと番号

レジュメの例

教育方法学ゼミ　　　　　　　　　　　　○○年○月○日（○曜日）
「探究的な学び」の重要性と方法
　　　　　　　　　　　　　　　　　教育学部　○年　名前

1. 課題設定

　大学での学習は高校までの勉強方法とは大きく異なる。その「探究的な学び」はなぜ重要なのか？　具体的には，どうすればよいのか？

2. 「探究的な学び」とは何か？
(1)「探究的な学び」と「探究的ではない学び」の比較
……
(2)「探究的な学び」の特徴
……

3. 「探究的な学び」の重要性
……

4. 「探究的な学び」の進め方

資料：探究のサイクル（出典：八田幸恵「深める」田中耕治ほか編著『教育をよみとく』有斐閣，2017年，p.121。）

5. 考察
……

6. 今後の課題
……

7. 参考・引用文献一覧
　田中共子編『よくわかる　学びの技法』ミネルヴァ書房，2003年。
　Heydorn, W.・S. Jesudason／Z会編集部編『TOK（知の理論）を解読する——教科を超えた知識の探究』Z会，2016年。

をふり，口頭での説明や議論の際に必要な図・資料をすぐに参照できるようにしておきましょう。重要な専門用語やキーワードについては，定義と具体例を記しておくと便利です。同じことばに対する理解が，人によって異なることは多くあり，そういったことがあると議論がかみ合わないことを防ぐためです。こうしたレジュメの工夫によって，報告内容の理解を確かなものにし，その後の議論を円滑にすすめ，充実させることができます。

レジュメ全体の形式としては，まず，報告のタイトル，報告する年月日，報告者の名前などを明記しておきます。タイトルは，報告内容や課題を一言で表すものにします。報告の年月日は，自分の学習の履歴を後からたどる際にも重要です。人の考えは変わることがありますし，同じ論文を読んでも解釈や考察が変化することもあります。年月日を記すことで，あくまでもこの時点での自分の理解であることを示します。そして報告者の名前を記して，文責の所在をはっきりさせます。また，レジュメの中に引用資料があるときは，その出所を明示することも必要です。報告を聞いた人が後から探究を続ける糸口になるからです。

レジュメはあくまでも要約なので，報告時間に収まる内容を精選して記します。資料については，程度にもよりますが，報告で直接ふれない資料をあまり大量に添付するのはおすすめできません。レジュメや資料をまとめることは，報告の核となる部分を焦点化する作業です。そのために，わかりやすいレジュメをつくり報告するためには，内容をしっかりと理解しておく必要があります。文献の報告では，課題文献の内容をまとめるだけではなく，わからない単語の意味を調べたり，関連論文を読み込むことも必要になります。

そしてレジュメの最後には，必ず自分の考察を記します。論文紹介であれば，その内容をどう解釈したのか，解釈をふまえてどのような考察を行ったのかをわかりやすく伝えることで，相互に学び合える深い議論を行う土台がつくられるのです。

> 📗 **推薦・参考図書**
>
> 天野明弘・太田勲・野津隆志編『スタディ・スキル入門──大学でしっかりと学ぶために』有斐閣，2008 年
> 佐藤望ほか編著『アカデミック・スキルズ──大学生のための知的技法入門』第 2 版，慶應義塾大学出版会，2012 年
> 白井利明・高橋一郎『よくわかる卒論の書き方』ミネルヴァ書房，2008 年

でき，相互に受けとめられる関係性です。誰かには発言力があって，ほかの誰かはなかなか意見が言えないというような場では，十分な学び合いは期待できません。そのとき，誰もが失敗を恐れる必要なく発言を受けとめられることが重要になります。これが「許容性」です。さらに，互いに受け入れ，理解し合うことが，全員の「自発性」を生む土壌になります。自発性とは，誰かがほかの人たちを導いていくというのではなくて，参加者一人ひとりが学びの主体となって，自分たちで考えを出し合い，自分たちで議論を進めていくうえで必要とされるものです。仲間がいることで，学習が動機づけられる効果もあるでしょう。

これらの特徴は，一般的にイメージされる教師と生徒の関係とは異なるかもしれません。しかし，探究的な学びが十分に行われるようになると，研究が進むにつれてそのテーマについては教師よりも生徒のほうがよく知っている状況も起こり，その探究においては「互恵性」「対等性」「許容性」「自発性」を備えた関係に近づいていくともいえるでしょう。

> 📗 **推薦・参考図書**
>
> 奥田孝晴・椎野信雄編『私たちの国際学の「学び」──大切なのは

「正しい答え」ではない』新評論，2015 年

クルーシアス，T. W.・C. E. チャンネル（杉野俊子・中西千春・河野哲也訳）『大学で学ぶ議論の技法』慶應義塾大学出版会，2004 年

センゲ，P. M.・N. キャンブロン＝マッケイブ・T. ルカス・B. スミス・J. ダットン・A. クライナー（リヒテルズ直子訳）『学習する学校——子ども・教員・親・地域で未来の学びを創造する』英治出版，2014 年

トゥールミン，S. E.（戸田山和久・福澤一吉訳）『議論の技法——トゥールミンモデルの原点』東京図書，2011 年（原著〔アップデート版〕2003 年）

中原淳・長岡健『ダイアローグ——対話する組織』ダイヤモンド社，2009 年

中谷素之・伊藤崇達編著『ピア・ラーニング——学びあいの心理学』金子書房，2013 年

深める
問いを立てて崩し，つくり直す

はじめに

　筆者はしばしば，探究的な学習を行っている高校生や，卒業論文を書いている大学生が，「探究を進めるうちに問いが変わっていき，いつまでたっても答えが出ない」と訴える場面に遭遇します（コラム⑩⑪「卒論奮闘記」も参照）。おそらく，彼・彼女らは，自身の探究がうまくいっていないと感じ，不安や焦りを感じているのでしょう。無理もありません。彼・彼女らがこれまで経験してきた勉強には，教師が問いを出して生徒がそれに答えるという役割分担がありました。そして，教師が出した問いには必ず答えがあり，生徒はできるだけ速く・正確に答えを出すことを求められてきました。しかし，探究は自分の責任で問いを立て，自分で答えを出さないといけません。そして，問いに対する答えが出ないどころか，問いが変化したり，問いを見失ったりしてしまいます。このような慣れない事態に不安や焦りが出てきてしまうのでしょう。

　探究活動は，受験勉強に代表される暗記中心の勉強とは異なって，問いと答えが即座に完結することはありません。即座に完結するようでは，探究は深まりません。そこで，この 11 講次では，探究を深めるとはどういうことか述べていきます。

1 探究のサイクル

　探究活動は，次のような6つの局面に分節化することができます。すなわち，まず①漠然と疑問に感じていること，なんとなくもやもやしていることを探り，明確に意識します（問題意識の形成）。次に，②自身の問題意識を対象化し，その問題に対する自分なりのアプローチのかけ方を考え（課題意識の形成），解決すべき明確な問いを立てます（課題設定）。問いを立てる際には，普通，私たちはなんらかの予想や仮説，また見通しをもっているものです。そこで，③問いへの答えを仮説として明らかにしておきます。仮説を明らかにしたら，④問いを解決する方法を計画します。その方法は，実験やフィールドワークといった調査かもしれませんし，文献や資料を組織し読みこなしていくことかもしれません。そして実際に，⑤問いを解決する方法を実行します。そうすると，立てた問いに対する一応の答えが出ますが，問いが即座に解決されるとは限りません。⑥探究を振り返り，仮説に照らして答えを導き出す過程において，必ず複数の小さな問いが生まれ，また漠然とした問題状況へと戻ります。したがって，再度①問題状況を探索するに戻ります（図11-1：問題意識と課題意識の違いについては，7講次を参照）。

　このように，探究活動は，問いへの答えの中からまた新しい問いが生まれ，それに対する答えを模索し，その過程でまた新しい問いが生まれ……というように，問いと答えが永遠に繰り返される終わりなきサイクルを形成します。終わりなき探究のサイクル

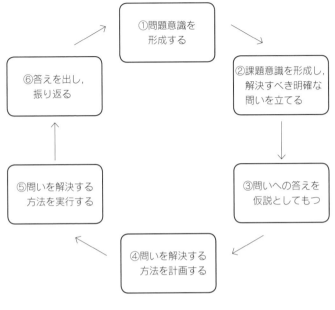

図 11-1 探究のサイクル

を繰り返す中で，徐々に，より追究しがいがある問いが生まれ，またより確からしい仮説が生まれてくるのです。したがって，最初に立てた問いと仮説にこだわり，その仮説を検証・実証することに躍起になることは，あまり生産的ではありません。

このように書くと，探究活動は苦難の連続であり，あまりに高度すぎて，自分には無理ではないかという恐れを抱くかもしれません。しかし，探究活動に没入している当人は，むしろ「楽しい」という感情を抱くことが多いです。そういう感情すら後になって意識して思い出そうとしないと思い出せないくらい，無我夢中になっている場合もあります。もし，楽しむのではなく不安に

なってしまった場合でも，問いを立て直す必要性が生じるのは，探究活動が失敗しているのではなく順調に進んでいる証拠だと考え，探究活動を再開しましょう。

2 問いの再構成

終わりなきサイクルを形成するとはいえ，問いを適切に再構成しなければ，探究活動はそれ以上深まらず，同じ地平線上をぐるぐると這いまわることになります。それでは，いかにして問いを再構成すればいいのでしょうか。

筆者はここ数年，大学のゼミにおける卒業論文の指導だけではなく，教育学に興味をもつ高校生や大学の1・2年生に対して，研究テーマ設定の指導を行ってきました。その中で，初学者が必ずといっていいほどあげるテーマ（まだ漠然とした問題のレベルだが）があるということがわかってきました。たとえば，「個性を尊重する教育のあり方」「学力を育てる授業の方法」「居場所のある学級づくり」「外国からみた日本の教育の特徴」などです。

これらは，日本の学校教育を受けた人ならば誰もが問題にしたいことのようですが，このような問題の探究は，問いを適切に再構成しなければ，早晩行き詰まってしまいます。行き詰まり方や問いの再構成の仕方はさまざまですが，ひとまず以下の3つのパターンがあるといえそうです。

[1] 一般的な問いを限定的な問いへと再構成する

1つ目のパターンとして，次のような状況について考えてみま

しょう。あなたは，ひとまず「個性を尊重する教育のあり方」をテーマとして文献を読んでいきました。すると，「個性を尊重する教育」論は世界中にあり歴史が長いこと，しかし歴史上のある時点で成立した論でもあること，時代や論者によって「個性」や「個性を尊重する教育」論の内実が違うこと，したがってさまざまな角度からの批判があることがわかってきました。そして，「個性を尊重する教育」というテーマは，それを問題にしたい自分自身が，特定の歴史的・社会的状況に生きていることを意識していなかったため，あまりにも一般的すぎるということに気づきました（あるいは，気づくことができなくて途方に暮れてしまいます。詳しくは7講次を参照）。

このようにして行き詰まった場合，「個性を尊重する教育のあり方」という問題意識をもつ自分自身をいったん現在から隔離し，その問題に対する自分なりのアプローチのかけ方を考えて課題意識を形成することで，一般的な問いを限定的な問いへと再構成することが必要になります。たとえば，「どのような歴史的・社会的背景のもとに，どのような経緯で，誰がどのような個性を尊重する教育を主張し，どのような影響を与えたのか」という問いや，「個性を尊重する教育として，これまでどのようなものが具体的に提案されたのか。それぞれの教育論では，個性はどのように捉えられていたのか」という問いが考えられるでしょう。これらの問いを探究することで，最終的には，たとえば本書の5講次において示されているように，「愛知県東浦町立緒川小学校の個性化教育論は，個性をどのように捉えているのか。カリキュラム全体を通してどのような個性をどのように育てようとしているのか」といった，きわめて限定的な問いが出てくることになります。

このような助言を行うと,「自分が本来やりたかったこととは違うのではないか」「自分が本当に問題と思っていることをテーマにすることはできないのか」という疑問や不満をもつ生徒や学生が出てくることでしょう。しかし,不満に思う必要はありません。自分自身をいったん現在から隔離し,学問の成果をくぐり抜けることで,それを問題にしたい自分自身を客観的にみつめる目を養い,問題意識を課題意識へと昇華させるのです。それが探究者として成長しているという証なのです。

2 問題を分析し,論点を意識した問いへと再構成する

　「個性を尊重する教育のあり方」というテーマの探究が行き詰まってしまう,別のパターンを考えてみましょう。あなたは,「個性を尊重する教育のあり方」というテーマから,ひとまず「個に応じる教育方法として,これまでどのようなものが具体的に提案されたのか」という問いを設定し,関連する文献を読んでいきました。すると,実にさまざまな異なる教育方法が提案されてきたこと,それぞれの教育方法における個性の捉え方が異なっていることがわかってきました。しかし,個性についての捉え方がどう異なっているのか,したがってどの教育方法がどのように価値があるのかについて判断を下すことができず,ただ開発された教育方法を列挙するしかできないということに気がつきます。

　このように,対象となっている事柄に関する複数の見解がある場合,それらを併置したり列挙したりするのではなく,論点を意識する必要があります。論点とは,対象について論じるべき中心となる柱であり,対象の分析をふまえた上で成立していきます。確認しますと,探究とは,未知の事柄を既知の事柄にしようとす

る営みです。その際しばしば，未知の事柄を既知の要素へと分析し，分析された既知の要素を関連づけて総合するということを行います。デカルトが，世界を「物体」と「精神」という要素へと分析したこと（物心二元論）はあまりに有名です。論点は，対象をどのような要素に分析するのか，分析した要素のうちいずれを重視するのか，分析した要素をどのように関連づけるのかということに関する見解の相違であることが多いです。

「個に応じる教育」に関しては，たとえば，「個に応じるとは，教育目標（つけたい学力）自体を個別化することなのか，教育目標は共通でそこに至る指導過程を個別化することなのか（能力を生得的で固定的なものとみるか，発達可能で回復可能なものとみるか）」ということが，非常に重要な論点となります。この論点は，学習における個人差を，複数の次元の異なる要因（学習者の興味・関心，得意とする学習スタイル，学力等）へと分析したり，学力の個人差を生得的な要因と学習可能な要因へと分析したりした上で，それぞれの要素の重要性を判断した結果，成立したものです。

したがって，論点を意識することで，対象となっている事柄に関する複数の見解の違いが何に由来するのかをよみとくことができ，それらの見解に対して価値判断を下すことができるようになります。問いを再構成する際には，たとえば「緒川小学校の個性化カリキュラムにおける『はげみ学習』は，プログラム学習の発想（教育目標の個別化）とマスタリー・ラーニングの発想（指導過程の個別化）をいかに取り入れたのか」といった，論点を意識したものにすることが有効でしょう。

コラム⑧ 「深い学び」とは何か──「高い」「深い」「広い」

　これまで日本の教師たちは,「高い学力」「深い理解」「広い教養」といったことばによって,子どもの望ましい状態を表現してきました。しかし,2017年に出された学習指導要領改訂案において,「深い学び」というなじみのないことばが出てきました。いったい,「深い学び」とは何でしょうか。改訂案をみればその定義は出てきます。しかし,なぜ「高い」でも「広い」でもなく「深い」なのでしょうか。そもそも,「高い」「深い」「広い」とはどういう状態を表現しているのでしょうか。

　英語での意味内容を確認しておきましょう。「高い」＝highは,標準に比べてレベルやランクが高い,あるいは標準そのものが高いという意味です。「深い」＝deepには,文字通り深いという意味のほかに,奥行きがあるという意味や,「一貫して理解することが困難な」という意味があります（deep knowledge, deep theory）。「広い」＝broadは,広範囲で雑多という意味です。

　日本語でも英語でも,「高い学力」は,学力（とりわけ学力テストで測られる学力）が標準よりも優れている状態,あるいは集団の学力標準（平均点）そのものが高い状態を表現している場合があります（high achievement, high standard）。しかし,これとはまったく別に,課題に取り組む際に学習者が用いる認知的処理のレベルが高いことを表現している場合もあります。たとえば読解の場合では,「取り出し」「解釈」「評価」という認知的処理のレベルがあり,ある文章を「評価する」ことは「高い読解力」を求めているということになります（higher reading process）。

　「高い」が物事を理解・学習する主体のほうに焦点を絞るのに対して,「深い」は,理解の対象である物事・知識のほうに焦点を合わせます。日本語でも英語でも,「深い理解」とは,多くの知識が緊密に結びついて総合され体系化されている状態を表現しています（deep understanding）。

「広い教養」ということば遣いは，日本語にしかみられません。英語にも broad knowledge という表現はあるものの，それは「雑多な知識の寄せ集め」「物知り」という状態を揶揄した表現です。日本語で「広い教養」という場合，幅広い知識が総合されて体系化されている状態を意味しており，むしろ英語でいう deep understanding に近いでしょう。もう少し積極的にいうと，客体である幅広い知識を総合し体系化した結果，学習の主体が，ある特定の領域の能力だけ突出して発達させたりするのではなく，バランスの取れた人間らしい全面的な発達を実現している状態まで表現しているともいえるかもしれません。

さて，「深い学び」は，「主体的・対話的な学び」とともに，改訂案に登場しました。「深い学び」「主体的な学び」「対話的な学び」は一見，学び（理解）の主体のほうに焦点を合わせているようにみえます。しかし，それらはすべて，それぞれに異なる学びの対象を含意しています。すなわち，「主体的な学び」は自分自身を，「対話的な学び」は他者を，そして「深い学び」は教科の内容を深く学ぶということです（学びの三位一体論）。これは，思考スキルの教授を意図して，いたずらに認知的処理のレベルを「高く」したり課題を複雑にしたりする実践のあり方に警鐘を鳴らし，じっくりと自分自身・他者・対象へと向き合う学びの姿を打ちだしたと受け取ることができます。「深い学び」は，これまで日本の教師たちが「深い理解」「広い教養」ということばで表現してきたことに加えて，教科内容の理解は自分自身や他者への理解と同時にあることを表現しているといえるでしょう。

3 問いの前提を問い直し，まったく新しい問いを立てる

「個性を尊重する教育のあり方」という問題の探究が行き詰まってしまう，最後のパターンを考えてみましょう。直前の2に

おいて筆者は、論点を意識することの重要性を述べました。しかしながら、論点は一定の前提のもとに成立しているということに注意する必要があります。皆に共通の前提があるからこそ、同じ地平に立って見解をぶつけ合うことができるのです（7講次を参照）。したがって、論点それ自体を深く理解し批判的に検討を進めなければ、自身もその地平から抜け出せないことになります。

そこで、思いきって論点を成立させている共通の前提を問い直してみると、学問にブレイクスルーがもたらされることがあります。たとえば、心理学の世界では、個性を遺伝的要因と環境的要因に分析し、「遺伝か環境か（氏か育ちか）」という論点に沿って、論争が繰り広げられてきました。しかし、よく考えてみますと、遺伝も環境も当の発達する人間の外側にある要因であり、人間が主体的に判断し行動を選びとることで自らを個性的な存在にするという事実を考慮に入れていません。そこで、個性の形成に影響を与える要因として、遺伝的要因と環境的要因に加えて主体的要因が主張されるようになりました。そのことによって、論点は「人間の個性的な発達に関して、外部の文化を重視するか主体を重視するか」へと変化し、その論点に沿ってさらに議論が進むことになりました。

分析された問題を総合し、まったく新しい問いを立てることは、非常に難しいことであり、そう頻繁に起こることではありません。しかしながら、個人の経験においては、自身の問いの前提が問い直されることは、よくあるのではないでしょうか。たとえば、「学力低下の改善策を探ろうと考えていたけれども、そもそも学力が低下することの何が問題なのだろうか」というような問いが出てくるといった経験です。個人における問いの前提の問い返し

は，対象に関する分析と総合をふまえて提出されたものではありません。そのため，学問におけるブレイクスルーにつながるようなことはまずありません。それでも，自身の問いの前提を問い，現在立っている地平から飛び立って視野を広げることは，探究者としての成長を促します。また，他者が行ったブレイクスルーを追体験することで視野を広げることも重要です。

3 科学的探究に向かって

ここまで述べてきたような，問いが再構成されながら問いと答えが繰り返される探究のサイクルは，科学的探究の自然で素朴な形であるとみなしてよいでしょう。

科学がほかの行為から区別される特徴は，研究の対象や内容よりも，その方法に込められた考え方，つまり方法論にあります。学問の方法論とは，問題となっている事柄について筋道立てて思考し，導かれた結論の正しさを誰もが認めざるをえない形で論証する手続きのことです。したがって，探究活動の本格的な段階に入ると，科学的方法，とりわけ論証（検証や実証を含む）の厳密さが求められることになります。そして，論証には，引用・参照の方法，質問紙調査や実験の方法，データ処理の方法といった，多くの方法知（スキル）が要請されます。そのため，科学的探究を成立させようとして指導する際には，勢い，個別具体的な方法知の指導に傾いてしまいがちです。

たしかに，科学的探究には多くの方法知が必要です。しかしながら，多くの方法知を習得したとしても，なぜその方法を用いる

コラム⑨　留学では何を学んだか

　研究に限らず，留学は自分の世界を広げる重要なステップです。ここでは，私の経験から，留学で何を学べるかを書いてみることにします。

　私が，知らない世界にあこがれて，留学したいと思ったのは高校生の頃でした。しかし現実には一歩が踏み出せず，実際に留学したのは大学院の修士課程に入ってからです。スウェーデンについての研究をすると決め，その研究のためにスウェーデンに1年間留学しました。つまり私は，確固たる必要性をもつまで留学できなかったわけですが，今では学生の皆さんに，少しでも関心があり，チャンスがあるなら一度留学してみることを強くすすめます。留学は以前よりずっと身近になっていますし，多様な奨学金制度もあります。

　研究者をめざす人はもとより，日本で教師になろうとしている人にも，ぜひ在学中に海外で学習してほしいと思います。留学では，ことばの壁もあり，おそらく学習がとても困難です。私は，大学の授業についていくのもやっとのことでした。それがどんな状況で，どんな気持ちになるのか，どんなサポートが必要か，どのようにすればサポートが得られるかといったことを，身をもって知れたこと自体が大きな収穫でした。先生や友人たちは，簡単なことばで書きなおしたり，どこがわからないのかと声をかけ，時間をとって相談に乗ってくれたりしました。そうした学習を支えるサポートのありようが，教師をめざす人にとって重要な学習になるでしょう。

　私が留学していたスウェーデンでは，言語が上手に使えない人に対して，知り合いだけではなく町の人々も親切なことが印象的でした。駅やお店でも，たどたどしいスウェーデン語や英語に嫌な顔もせず，聞き返し理解しようとしてくれて，何度も救われた気持ちになりました。コミュニケーションをとるために重要なのは，ことばの流暢さよりも内容が伝わることです。いわれてみればそうなのですが，実際にそれがどのように人とのやりとりの中で表れるのか

を体験して，実感として理解できたのでした。

　研究のフィールドとして，多くの高校にも行きました。そこでは，自分が当たり前と思っていたけれど，まったく違う状況が多くありました。たとえば，制服も上履きもなく，そのため靴箱が並ぶ生徒用の玄関もありません。新しい高校はビルの一角にある場合もあるし，複数の高校が同じ校舎を使っている場合もありました。体育館や運動場がない高校も珍しくありません。ホームルームはなく，生徒も先生も毎時間教室を移動します。廊下には机や椅子が多く並んでいて，休み時間の生徒の居場所になっています。掃除の時間はなく，掃除は生徒がするのではなく掃除スタッフがします。給食はカフェテリアで，セルフサービスで好きな量を取って食べます。このように環境の多くが異なります。つまり，同じ「高校」といっても，イメージされるものはまったく違うのです。そして，その違いはそれぞれの国ではあまりに当然なので，なかなか文章化されません。行ってはじめて知ることですが，その違いを知らずに研究は進められないと強く思いました。

　また，留学では，学校や大学内に限らず，さまざまな経験をし，

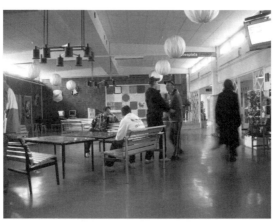

高校のロビー（スウェーデン）

> 暮らすことのすべてが学びでした。人々の暮らしぶり，仕事と学習と余暇，衣食住をはじめとする文化，政治や経済との関わり方，コミュニティのあり方，などなど……。ですので，何かを学び取ろうと力を入れるばかりではなく，ゆったりと人々の暮らしぶりを眺めてみて，その中で同じように暮らしてみることも重要でしょう。
>
> このように留学では，それまでとは違う文化や価値観から多くを学びます。しかし一方でそれは，自分自身を知ることでもあります。すべてにおいて，自分はどうなのか，その自分の考えや状況は，どのようにつくられてきたのかといったことが意識されるからです。たとえば，留学先では，しばしば日本や出身地の人口や面積を数値で聞かれますし，なぜここに来たのか，なぜそれを学んでいるのか，なぜ困っているのかなど，あなた自身について質問されます。そうしたコミュニケーションの中で，自分自身を知っていくのです。

のか，その方法によって何が可能になるのかという点に関する理解（方法論）がなければ，自由で創造的な探究活動を行うことはできません。

筆者はある高校の「総合的な学習の時間」の中間発表会に出席した際に，外部助言者として招かれていた物理学を専門とする大学教授が，あるグループの発表に対して行った助言に感動したことがあります。そのグループは，風圧を知りたいが実験装置を考案することができなかったため，代わりに風速を計測し数式に値を代入することで風圧を算出しようとしていました。そのことに対して，物理学の教授は，具体的な実験のデザインやデータ処理の方法に言及しつつ，「知りたいものとは別のものを測って，しかも数式に代入するとなると，知りたいものからどんどん離れてしまう。知りたいものは直接それを測りなさい。みたいものを直

接よくみる。何度もみる。それが科学的な態度です」と，温かくかつ厳しく指摘していました。その教授は，現象の背後にある自然法則を発見するために，再現可能な現象をよくみるという，自然科学の方法論を伝えていたのです。それ以来，筆者も初学者に対しては，たとえば引用や参照という方法がなぜ重要なのか，またフィールドワークでノートをとることはなぜ重要なのかといったことに関して，できるだけ丁寧に伝えるようにしています。方法に具体化されている方法論の意味を理解することが大切なのです。そして，方法に込められた方法論を理解するためには，個別具体的な方法をトレーニングすること以上に，科学の本質である探究という営み全体を十分に経験することが必要です（本書 Part Ⅱ は全体として方法に込められた方法論について述べていますが，とりわけ7講次，9講次を参照）。

　本章で説明した探究のサイクルは，それぞれの分野や領域におけるさまざまな科学的方法へと発展していくための，自然で素朴な探究方法だと考えればよいでしょう。科学的探究という本格的な段階に入った際に，この自然で素朴な探究方法を身につけているか否かによって，その後の伸びが変わってくるのではないでしょうか。

📖 推薦・参考図書

上山春平責任編集『パース ジェイムズ デューイ』（世界の名著48）中央公論社，1968年

大田堯『教育とは何か』岩波新書，1990年

宅間紘一『はじめての論文作成術――問うことは生きること』3訂版，日中出版，2008年

日本図書館協会 図書館利用教育委員会 図書館利用教育ハンドブック

学校図書館(高等学校)版作業部会編著『問いをつくるスパイラル——考えることから探究学習をはじめよう!』日本図書館協会, 2011年
野家啓一『科学哲学への招待』ちくま学芸文庫, 2015年
藤井千春『問題解決学習のストラテジー』明治図書出版, 1996年
文部科学省『高等学校学習指導要領解説 総合的な学習の時間編』海文堂出版, 2010年

# 12講次 論じる
探究の総仕上げとして

はじめに

「卒業論文」を審査していますと、その論文の結論（または主張）は大変に勇ましいのに、その結論に至る論述が粗く（そのように主張する根拠＝論証、実証が薄弱）、これは本人の個人的な意見や感想を並べているのにすぎない、「『独創』的というよりも『独走』的な論文ですね」と冗談を飛ばしたくなることがあります。ややきついことを最初に申しましたが、論文の生命線は何よりも「結論の勇ましさより、その結論に至る論述が説得的であるか」にかかっているということをお伝えしたいためです。この点をさらに具体的に考えてみましょう。

1 レポートと論文の違い

まず、お断りしておきたいことは、大学の先生によっては、この「レポートと論文の違い」を意識せずに（同じものと考えて）、課題を出す場合があるということです。その場合、課題を出すときの説明をよく聞いていますと、「先生はレポートを求めていら

っしゃるのだなあ」とか「いや，レポートとおっしゃっているけれど，実は論文的な内容を要求されているのだなあ」とわかることがあります。

　レポートと論文の最大の違いは，レポートは「そのテーマについての報告または事実を書く」ものであるのに対して，論文は「そういう結論または考えに至る論述（論証，実証）を重視」するものにあります。つまり，読者に対して，「なるほど，その問いに対するあなたの意見はもっともだ」と説得すること（納得させること）にあります。

　最近では，「総合的な学習の時間」（または課題研究）が学校の教育課程に設定されたことによって，「調べ学習」をする機会が増えています。さらには，情報機器の発達によって，それほど苦労せずに「調べ学習」を行うことも可能となっています。以前であれば，自分が調べようとするテーマに関連する文献や資料について文献カードなどを作成して，関連図書が置いてある図書館の開架式書架や雑誌コーナーの前で，終日調べ活動を行うということもありました。

　いうまでもなく，今では，パソコンの検索機能を活用すれば，出かけずに，必要な文献や資料が入手できるようになっています。この便利さがあるからでしょうか。最近ではレポートと論文の違いを意識せずに，レポート的な論文が増えています。「かなりよく調べているのだけれども，なぜ，何のために調べたのだろう。この調査によって，何を主張したいのだろうか」という質問をしたくなるような，レポート的な論文が増えているのです。

　論文とは，「そういう結論または考えに至る論述（論証，実証）を重視して書く」ものであると指摘しましたが，さらに厳密にい

うと，自分の結論（または主張）や考えの根拠となる「論証，実証」が重要ということです。自然科学の場合には，多くは「実験」に関するデータを示すことによって，再現可能性を実証しようとします。人文科学系や教育学においては，この「実験」データにあたるのが「引用する」という行為なのです。この「引用」のことを話す前に，論文を書くときに常に問われる「先行研究」のことをまず話してみましょう。

2 「先行研究を乗り越える」とは？

たとえ，卒業論文であっても，研究論文を書いてみようとする場合には，従来の通説に対して何か新しい知見を加えなくてはなりません。または，そのような意欲（野心）をもって論文作成に臨んでほしいものです。そのテーマに関して書かれた過去の「先行研究」を踏襲して，ただその「先行研究」の内容を反復するだけでは，研究論文を書いたとはいえません（この場合は，やや厳しい表現ですが，悪くすると「剽窃」行為となります）。そのテーマを知りたければ，それに関する「先行研究」を読めば済むわけですから。

このように，研究論文を書くとなると，「そのテーマに関する先行研究はどれだけあって，その先行研究のどこをどのように乗り越えようとしているのか」という鋭い質問が，ゼミの先輩たちから浴びせられます。もちろん，この質問は学術的な研究論文を作成する場合には不可欠なものです。ただ，あえて申しますと，はじめて書く論文の場合などにおいては，「先行研究を乗り越え

る」ことは，そんなに容易なことではありません。そのテーマに関して書かれた「先行研究」の中には，その研究者が数十年以上取り組んできた成果が凝縮されているものも，多くあります。

　またテーマによっては「先行研究」の多寡があります。たとえば，教育学研究でよく取り上げられるアメリカの教育学者デューイ（Dewey, J.：1859-1952）に関する「先行研究」となると，数え切れないほどあります。ようやくテーマが決まり始めた時期に，「先行研究を乗り越える」という指示は，間違いではないものの，むしろ「先行研究」を軽く扱うという結果をもたらすという弊害があるように思います。とくに人文系や教育学の研究では，初心者の人たちには「先行研究にしっかり学ぶこと」を奨励しています。

　この「しっかり学ぶ」とは，「先行研究」と対話しつつ，自分の思考を鍛え，この点は「先行研究」に対して自分なりのオリジナリティであるということを確認することです。そして自分なりのぎりぎりの一歩を説得的に論述するのです。このことを，「巨人の肩（分厚い先行研究）に乗って世界を観る」と表現されることもあります。このように研究とは，とくに人文系や教育学の場合には，突然のひらめきで一気に，進む場合は少なく，「先行研究」の批判的な蓄積の上に，苦労の上に，構築されていくものと考えてください。もとより，簡単に他人の研究蓄積を借用してしまう「コピペ」は，研究においてしてはならない行為なのです。

3 「引用」するということ

　さて,論文における論証の方法としての「引用」のことに話を戻しましょう。論文には必ず,詳細な書誌事項を含んだ「引用」がされています。書誌事項とは,たとえばその著書の「著者名,文献名,出版社名,出版年,引用頁」などを示すことです。この書誌事項が正確でなければならないのは,その論文の読者がその文献を調べることを容易にするためです。「引用」の種類として,大きく2つあります。その1つは,自分の論述を裏づける「証拠」としての「引用」です。この種類の「引用」がない文章は,日本では俗に「エッセー」（英語の essay は小論文を意味します）と呼ばれる場合があります。しかし,たとえ「エッセー」として書かれた文章でも,その研究に関する大家が執筆されたものは重宝されます。なぜならば,その大家の主張であれば,そのバックには主張を裏づける膨大な研究の蓄積があるということが共通に認識されているからです。

　「引用」のもう1つの種類は,その分野の「先行研究」をあげることです。自分が主張しようとしている点は,過去のどの「先行研究」とどの点に異同があるのかを示さなくてはなりません。その場合よく使われる表現として,「たしかに……,しかしながら……」があります。これは,一度相手の論を受けとめて（「たしかに」),それに対する自分なりの主張（「しかしながら」）をするときに,よく使われる表現であり,研究論文の独特の表現法であると理解しておいてください。

この「引用」をする場合に，1つ注意しておいてほしいことがあります。それは，はじめて論文を書く場合によく起こることですが，「引用をして語らしめる」ということです。つまり，「引用」が多用されていて，どこからどこまでが本人の意見かが不分明で，本人にとっては「引用した内容を読んでもらったら，それでわかるでしょう」と考える傾向が起こりがちだということです。「引用」は研究論文の基軸ですが，あくまでも自分の考えや主張をより説得的に展開するための素材であって，「引用」は使いこなさなくてはなりません。したがって，「引用」の前後にはそのように「引用」する必然性（理由）が書かれていなくてはなりませんし，長い「引用」の場合にはその「引用」から何を読み取ったのかを示さなくてはなりません。こう言う筆者も，最初に書いた卒業論文の草稿をみますと，ただ「引用」を並べているだけで，その「引用」を自家薬籠中の物としたところが少なく，その稚拙さに赤面してしまいます。

　それでは，研究論文として「論じる」ために，どのような視角（または「方法論」という場合もあります）が必要なのでしょうか。あまり抽象的な話だけではわかりにくいので，筆者が取り組んだブルーム（Bloom, B. S.：1913-1999）に関する研究を例にあげて，いかに「論じ」ようとしたのかについて参考にしてほしいと思います。

4 「論じる」ための視角

　ブルームはアメリカ人であり，1970年代頃に日本に紹介され，

日本の教育評価研究に大きなインパクトを与えた人物です。筆者はブルームの理論に関心をもって、研究を行ってきました。このような研究方法は「人物研究」、または少し広く「理論研究」と呼ばれます。その際に、一般に「人物研究」を行う場合に求められる次の5点の研究視角をもって、研究に臨みました（これは、8講次で紹介された「概念装置」を構築するための方法論〔視角〕でもあります）。

1 その理論や人物は何を批判しようとしたのか（何と闘っていたのか）

現代にも通じる、教育に関する理論や思想を構築した人々のライフ・ヒストリーをみますと、最初から時代を超える普遍的な理論や思想を創造してみようと考えた人は少なく、その彼・彼女たちが生きていた当時の教育の状況（子どもたちが置かれていた状況や教育制度のあり方、当時支配的であった教育に関する考え方など）に対する、怒りにも似た強い批判意識があり、そこに徹底的に挑戦することで、その理論や思想が普遍性を獲得したということがよくわかります。

筆者が関心をもったブルームは、「子どもは生まれながら、出来、不出来があるものだ」という素質決定論（アメリカの場合には人種差別主義と裏腹の関係にありましたが）に対して、「科学的」根拠を提供していた「正規分布曲線（ノーマル・カーブ）」は「神話」にすぎないと厳しく批判しました。

2 その批判をした際に、その理論や人物に影響したものは何か

このブルームの主張は、アメリカにおいて1960年代に高揚す

コラム⑩　卒論奮闘記——試行錯誤のテーマ選び

　論文執筆において，最も重要でかつ一番難しいのがテーマ選びです。私自身，テーマ選びで相当に苦労した一人です。もともと教師志望だった私は，実践につながる研究がしたいと思っていました。最初に考えてみたいと思ったテーマは，「子ども同士の教え合い・学び合い」や「集団の中で学ぶことの意味」でした。そういった問題意識で取り組まれた理論や実践を探してみると，第二次世界大戦後日本に学習集団論という遺産があることを知り，関連する著作や論文を読み始めました。しかし，学習集団論を展開した主要な論者や潮流は複数あり，それぞれについて実践のイメージがわかず，相互に何が異なるのかもつかむことができず，授業記録をみてもどうものめり込むことができませんでした。

　戦後の日本の教育実践がめざしてきたのは，学級集団の人間関係を生かしてクラス全体で考えを練り上げていくような授業であって，そうした授業の理論化をめざす学習集団論を対象にするということは，まさに戦後日本の授業研究の全体を対象にするといっても過言ではなかったのです。研究の糸口をつかむのが難しいのも当然です。

　しかし，さまざまに文献・資料を読んでいくうちに，戦後の授業研究の原点であり，理想の授業のイメージを具体的に提起した実践家の一人が，斎藤喜博であることがみえてきました。そして，斎藤の実践，および彼の書いた授業の哲学や原則を説く著作は，イメージ豊かに読むことができましたし，何よりリアルな現実認識に即して語られる授業の本質論（授業における臨機応変の対応力の重要性など）に共感する部分も多かったのです。そこで迷いに迷った結果，夏休みにテーマを学習集団論から斎藤喜博に変更して，資料の収集と読解の作業を始めました。困難はさらに続きます。斎藤を扱うにしても，どういう角度からアプローチするか。もともとの問題意識である集団で学ぶ意味から分析を加えようとしましたが，そういう角度からの先行研究は少なく，どうまとめていけばよいのかみえま

せんでした。そのときに，指導教員のすすめもあり，斎藤に対する一見正反対の2つの批判（向山洋一からの技術軽視批判，林竹二からの技術主義批判）を検討することで，教育における技術の本質について論述することに決めました。すでに夏休みも終わりにさしかかっており，卒論の締め切りまで4カ月を切っていました。その先のさらなる苦労については想像に難くないでしょう。

　このように私は，テーマ選びに非常に苦労しました。興味・関心や想いだけでは，論じ深めるべきテーマにはなりません。はじめて自らテーマを設定し論文を書く経験をする者には，何がテーマになりうるかの勘が働かないのです。そういう意味では，初学者は，先行研究の厚みのある対象やテーマを選ぶことが有効でしょう。たとえよい素材でも，素手でやみくもにいじくり回すのでは料理にならないように，素材にはその素材に合った道具や料理の仕方があるのです。先行研究はそれを教えてくれますし，先行研究をガイドに素材を眺め料理していくことで，先行研究者の行った「研究するプロセス」を追体験し，探究の作法や勘所を学ぶこともできます。その対象についての直接的な先行研究が少ない場合は，キーワードや論点を手がかりに間接的な先行研究を探すとよいでしょう。たとえば，斎藤が授業における集団の意味をどう捉えていたかを検討した直接的な先行研究が少なくても，授業における集団の意味について，ほかの実践家を検討したり，一般論として検討したりした間接的な先行研究をみつけ，そこから分析の視点を得ることはできるでしょう。

　ただし，私はテーマ選びの試行錯誤が無駄であったとは思いません。むしろそうやって大きく回り道することで，戦後の授業研究の諸潮流を広く学ぶことができ，それがその後の土台となる研究の地図を描くことにつながりました。こうして自分の頭で考えてテーマを設定し，深く探究する分厚い過程を1回でも経験したならば，日々出会うさまざまな事象や問題の中に自ずとテーマを見出せるようになっていくことでしょう。

る人種差別の撤廃を求める「公民権運動」のリーダーであったキング牧師が凶弾に倒れた年（1968年）に発表されます。ブルーム自身も「公民権運動」に参加し，教育における人種差別主義の克服を強く求めていました。キングの「夢」を実現しようとしたのです。

少しさかのぼりますと，このようなブルームの考え方に大きな影響を与えた人物がいることがわかってきました。その人物とは，シカゴ大学においてブルームの恩師であったタイラー（Tyler, R. W.：1902-1994）でした。1960年代の日本では，通知表の成績をつけるときには，「正規分布曲線」にもとづく「5段階相対評価（5＝7％，4＝24％，3＝38％，2＝24％，1＝7％）」を行うことが一般的でした。しかし，すでに1930年代のアメリカにおいてその考え方の根底にある「教育測定運動」に対して，批判をし，「教育評価」（evaluation）という考え方を提唱したのがタイラーでした。残念ながら，タイラーの所論は，日本においてはほとんど関心が向けられることはありませんでしたが，タイラーという人物の発見は，筆者の研究を加速させることになりました。

3 その理論，人物のユニークな主張はどのようなものか──初期と後期では違うのか

このように「"正規分布曲線"神話」に対して，厳しい批判意識をもったブルームは，「形成的評価」にもとづく「マスタリー・ラーニング」という教育方法を提起します（詳しくは，B. S. ブルーム著〔稲葉宏雄・大西匡哉監訳〕『すべての子どもにたしかな学力を』〔明治図書出版，1986年／原著1981年〕をご覧ください）。

ブルームのあゆみを精査していきますと，たしかにタイラーの

下で研究をスタートしますが，当時のブルームは純粋な心理学者であり，おそらく公民権運動に参加したことがブルームの社会的関心を深め，「形成的評価」にもとづく「マスタリー・ラーニング」というユニークな教育方法の提唱につながったと考えられます。

4 その新しく，ユニークな理論や人物に対する批判にはどのようなものがあったか，そこでの論争はあったのか

　本書の7講次で，「論争」を調べるという方法は「問いを立てる」際に有効であると述べました。その「論争」を調べることによって，自分のテーマ（この場合はブルーム研究ですが）を対象化することができますし，その「論争」で浮上した論点や課題それ自体を論究することが必要となってきます。こうなると，論文に深さが表れてくるのです。

　ブルームを批判した好敵手としてアイスナー（Eisner, E. W.：1933-2014）をあげることができます。日本では，両者の対立を「工学的アプローチ」と「羅生門的アプローチ」と対比して，現代の教育方法学における基本的な対立点として敷衍化しています。ただ，少し調べていきますと，アイスナーはブルームのゼミに参加していたことがわかりました。そうすると，両者の対立・論点は水と油のように相容れないものではなく，その統合的な視点が求められているのではないかと考えるようになりました。

5 後年，どのような影響を与えているのか，または教育実践にどのように影響したのか

　明治以降，日本の教育理論は，欧米で当時流行している理論や

コラム⑪　卒論奮闘記——卒論の探究的プロセス

　大学での探究の総仕上げとして取り組む卒業論文は，10人いれば10通りのドラマがあります。ここでは，私自身の例をあげながら，卒論を書くプロセスにあるいくつかの重要なポイントをみていきましょう。

　まず，卒論で最初の壁はテーマの設定です。1年間を通して取り組めるほど関心が強いテーマにするようアドバイスを受けて，私は「高校は何のためにあるのか」という，長年もっていた疑問を扱いたいと思いました。義務教育ではないのに半ば当然とみなされていたことや，さまざまな学科があるのに，実際には成績で進学先が決められることを不可解に思っていたからです。とはいえ，この問いは漠然としすぎていて，どこからどのように手をつけていいのかわかりません。研究課題として設定するには，何を，なぜ，どのように明らかにするのかを明確にする必要があるのです。

　漠然とした関心を具体的な課題にするために，まず，関連する本や論文，資料を読み進めます。私の場合ですと，高校教育，大学入試，進路選択，諸外国の高校等について，手当たり次第目を通しました。その中で，関連する問題について，何がどのように問われ，どのように研究されているのかを具体的に学んでいたといえます。

　そこで目にとまったのは，スウェーデンの高校教育でした。日本と同じように義務教育修了後，ほぼ全員が高校に進学するものの，高校ではさまざまな専門教育が行われており，生徒は，成績ではなく自分の関心から1つの専門分野を選んで3年間教育を受けるというのです。このような制度がなぜ可能で，どのように出来上がったかを知りたいと思いました。

　しかし当時，私に読める英語と日本語では関連資料が少なすぎました。研究を行うには，必要な資料にアクセスできることが必須条件です。スウェーデン語を習得するにも時間がかかりすぎるということで，このテーマは諦めざるをえませんでした。

そして同じ問題意識で次に注目したのが、「総合学科」高校でした。総合学科では、多様な選択科目が用意され、各生徒が高校で学ぶ意味をつくりだしているように思えたからです。そこで、生徒が実際に何を考慮して科目を選択しているのかをインタビュー調査しようと考えました。指導教員の先生からは、その学科が生まれた歴史的背景や、日本の高校の歴史において同様の課題が、どのように議論されてきたかを検討するよう指導を受けました。歴史に苦手意識があった当時の私は、その検討の意義がすぐにはわかりませんでした。しかしながら検討を進めるうちに、当事の議論が、歴史上すでに存在した議論と類似していることを知り興味をもちました。このように論文執筆の過程では、学習の途中でその対象の意味やおもしろさに気づくことも多くありました。

　こうして私の卒業論文では、前半に文献による歴史上の議論の整理、後半に複数の総合学科高校の具体例の検討と、生徒へのインタビューの分析を行いました。その方法を決めても、実際に研究を進めるのは難航しました。とくに、具体事例の検討やインタビュー調査は、その方法論をきちんと学べておらず、今見直せば反省点ばかりです。課題の追究を円滑に深く進めるために、研究の方法論は早めに選択して丁寧に学んでください（コラム⑬「研究方法論」を参照）。これは、テーマ設定の次に大きなポイントといえるでしょう。

　なんとか研究に協力してくださる学校をみつけ、先生や生徒へのインタビューができました。しかしながら、データを手にすれば整理・分析でき、まとめられる、というわけでもありませんでした。整理する中で、解釈困難なデータが出てきたり、印象深いインタビューデータをどのように論文に位置づければよいのかわからないといったことが、繰り返し起こったのです。分析や執筆の途中では、途方に暮れて、中途半端な文章を、友人や先輩に何回も検討してもらいました。そのたびに、私が気づかなかった指摘をもらえて、絡まった糸がほどけるように、考えが整理されたり文章が出てきたりして、何度も書き直して、なんとか完成までこぎつけました。とは

12 論じる

> いえ，私自身が完成したと思っても，先輩に読んでもらうたびに違う視点からの指摘や疑問があり，終わりがないことに驚きました。卒業論文ができた時にはもうくたくたで，満足にまとめられたというよりは，期限が来てしまってこれ以上は諦めたという思いでした。
>
> 　卒業論文は，自分の単著となってはいるものの，多数の人々がいたからこそできた作品でした。そして，論文そのものだけではなくて，文献と向き合ったり，人々と議論したりした探究プロセスの1つひとつが大切な学びとして，今もなお鮮明に記憶に残っています。みなさんも卒業論文を通して，大いに挑戦して学んでください。

思想を次々と移入して，その流行が終わると，その理論や思想は簡単に「捨てられてしまう」という傾向にありました。この傾向は，揶揄して「送迎展示方式」と称されます。

　実は，ブルームもそのようになる運命にありました。しかし，筆者は，ブルーム学派の展開（ブルーム自身の発展とその教え子たちの活躍）を執拗に探究しようと考えました。そうすると，日本では一時的な流行にすぎなかったブルーム学派は，本国アメリカにおいて，ネットワーク（Outcome-Based Education：OBEと呼称）を形成し，ある校区全体（ニュヨーク州ジョンソンシティ，後に筆者自身訪問）を改革しようとしていることがわかりました。また，ブルームが提唱した「形成的評価」は，いまや日本では市民権を得て，実践現場でポピュラーな概念になっています。またイギリスでは，「形成的評価」論の発展がめざされようとしています。

　以上，筆者の牛歩のような研究歴をお話ししました。このように5つの視角から，「先行研究」を凌駕する，人物や理論に関する優れた研究は多数あります。最近筆者が感激した著作としては，加藤晴久『ブルデュー　闘う知識人』（講談社，2015年）がありま

す。著者の見事な学識に支えられて，筆者が提案した5つの視角を縦横に活かしつつ，教育学へも大きな影響を与えたブルデュー（Bourdieu, P.：1930-2002）を生き生きと伝えています。ぜひ，5つの視角を念頭において，論文にチャレンジしてください。

📒 推薦・参考図書

板倉聖宣『模倣と創造──科学・教育における研究の作法』増補版，仮説社，1987年

戸田山和久『論文の教室──レポートから卒論まで』新版，NHKブックス，2012年

西岡加名恵・石井英真・田中耕治編『新しい教育評価入門──人を育てる評価のために』有斐閣，2015年

花井信『論文の手法──日本教育史研究法・序説』川島書店，2000年

山口裕之『コピペと言われないレポートの書き方教室──3つのステップ：コピペから正しい引用へ』新曜社，2013年

Part

III

教師をめざすあなたへ

第13講 教師の仕事

はじめに

　Part Ⅲ では，全体を貫くテーマを「教師と探究的な学習」とし，次の2つの問いによってこのテーマを掘り下げていきます。1つは，子どもたちに探究的な学習の指導をすることは，教師の仕事全体においていかなる意味をもつのかという問いです。もう1つは，教師自身が探究的に学ぶことはいかに重要なのかという問いです。そして，それらの問いの答えを模索する際には，「発達可能態としての子ども」という，教育学研究に固有なものの見方・考え方を手がかりにしてみます。

　探究的な学習は主に小学校を舞台として実践されてきましたが，近年は，高校や大学でもその実践を試みる学校や教師が増えています。

　なぜ今，探究的な学習なのでしょうか。科学者養成のためでしょうか。高校と大学の学習をスムーズに接続させるためでしょうか。変化が激しく先の見通せない時代に入り，自ら考える力が必要になるからでしょうか。活動を取り入れることで，生徒や学生のモチベーションを高めるためでしょうか。

　いずれにしても，探究的な学習の実践は，近年教師に課せられることになった新しい仕事といわれています。しかし，新しい付

加的な仕事という程度の捉え方でいいのでしょうか。そもそも教師の仕事とは何であり，学校教育の目的とは何でしょうか。この13講次では，学校教育の目的について考え，さらにはその目的を実現すべく教師に課せられた探究的な学習の実践について考えていきます。

1 学校教育の目的

　学校教育の目的について考えるために，近代学校の成立過程をごく簡単にみてみましょう。18世紀後半，イギリスで産業革命が始まり，女性と子どもは安価な労働力として長時間労働にさらされました。そのため，旧来の家族の崩壊や健康被害といったさまざまな問題が発生し，むき出しの資本主義から子どもを保護する必要性が生まれました。また他方で，18世紀フランス市民革命を通して，自由と平等の権利を獲得した市民による新しい社会がめざされ，すべての人間が生まれながらにそれらの権利を有するという近代人権思想が深化・発展していました。

　このような時代の激動の中で，すべての人間がもつ自由と平等の権利を現実化するために，公費による平等の学校教育を用意し，学習権＝教育を受ける権利を保障しなければならないという思想が生まれました。皮肉なようですが，産業革命によって誰にでも分かち伝えられる知識と技術の蓄積が急速に進んでおり，そのことが学校の成立を後押ししました。

　なお，フランス革命期においては，公教育の内容に関して，2つの構想が出されていました。1つは，親の教育権を侵害しない

よう個人の内面に関わる事柄を排除した知育に限定する構想であり，もう1つは，すべての子どもたちを「共和国の子」として育てるために生活と徳育を中心とする構想でした。これらの構想はあくまで理念型であり，実際に成立した学校は知育と徳育の両方の機能をもっていました。さらには，学校が実際に果たしてきた機能には，たとえば従順で均質な企業労働者の養成といったように，本来の目的とは矛盾する機能もあったと批判的にみる考え方もあります。

ともあれ，成立時の理念としての学校教育の目的は，社会から相対的に自立し，一定期間子どもたちを安全に保護し，充実した生活と学習を保障することで，子どもたちに人間としての発達を実現することにありました。

2 「発達可能態としての子ども」と学校教育

学習権＝教育を受ける権利を保障するという学校教育の目的について，もう少し考えてみましょう。人間の子どもは，他の生物とは異なって非常に未熟な状態で生まれ，長い期間保護と教育の対象にされます。そのため，子ども期を大人になるまでの準備期間と位置づけ，子どもを社会から保護し，子どもの学習権＝教育を受ける権利を保障しようとすることは，当然とみなされるかもしれません。

しかし，子どもを単なる大人の準備期間とする子ども観こそ，市民社会の創出をめざし，近代公教育思想を形成した思想家たちが批判したものです。すなわち，子どもの発達可能性とは，現在

の大人をモデルとしたその大人になる可能性ではない。子どもは次の新しい社会を担う大人であり、大人の予想を超えて発達する可能態である。したがって、明日の子どもに現在の大人をみるのではなく、今日の子どもに明日の大人をみなければならない。「発達可能態としての子ども」とは、このような子ども観です。

「発達可能態としての子ども」という子ども観にもとづくと、学習権とは、真理・真実を教えられる権利というよりも、人権の主体として自由に学習と探究を行い、真理・真実を追究する権利であると理解できます。こうして、子どもの現在を未来への準備状態と位置づけて犠牲にすること（「生活準備説」と呼称します）を批判し、子どもの自由な探究と学習を励ます教育観が生まれてきました。探究的な学習を実践することは、教師にとって、近年課されるようになった付加的な仕事ではなく、最も本質的な仕事であるといえます。

ただし、単に子どもの自由な探究と学習を励ますだけでは、ともすると子どもの発達を後追いすることになりかねません。また、子どもは真空状態で育つわけではなく、歴史的・社会的に一定の特徴をもつ地域社会で生まれ育ち、時には発達の困難を抱えて学校にやってきます。そこで学校教育においては、目の前の子どもの発達を促す学習を意図的に組織し、発達を先回りして引き起こしていく必要があります。意図的で教育的な働きかけを通して、先回りして引き起こされる発達の道筋を具体化したのが、学校のカリキュラムです。子どもの学習権は、カリキュラムの緻密な研究と開発を通して保障されるのです。

3 「教科指導」から探究を生み出す教師の仕事

　学校のカリキュラムは授業を通して実践されます。子どもの自由な探究と学習は，カリキュラムの総体を通して保障されなければなりません。そのためには，個々の教科の授業および「総合的な学習の時間」の授業において，探究を成立させることが必要です。教科の指導を行う教師は，もちろん，その内容に関する誰よりも深い理解を体現する必要があります。

　ただし，そのことによって，子どもたちが自ら考える機会を奪ってしまってはいけません。先に述べたように子どもは自由に探究と学習を行い，真理・真実を追究する権利を有しています。したがって，結果として獲得される知識内容と同時に，そこに至る探究の過程や方法，それ自体が子どもたちの学びにおいて価値をもつといえるでしょう。

　このように書くと，教科の授業における知識や技術の習得といった学力づくりを軽視しているのではないかという疑問を生むかもしれません。しかし，そうではありません。教科のテーマに即した探究を通して，既習の知識や技術を関連づけたり総合したりすることを促し，教科固有のものの見方・考え方といったより高次の学力を形成させるということです（授業をつくる教師の力量に関しては，次の14講次で詳しく述べます）。

　1998年・99年改訂の学習指導要領において「総合的な学習の時間」が導入され，高校に関しては2017年改訂（予定）の学習指導要領において「総合的な探究の時間」に改編されることが予

定されています。導入当時の「総合的な学習の時間」は、その研究が小学校を中心に行われたということもあり、体験学習や生活学習の要素が多分にありました。しかし、名称の改編に表れているように、たとえば高校においては、持続的にテーマに迫っていく探究的な学習を成立させ、探究の方法論や具体的な技法を身につけさせるとともに、各教科の学習を通して得た知識・技術やものの見方・考え方をさらに子どもが自分なりに総合することがめざされています。

　そうなると、「総合的な探究」を実践するためには、教師はそのテーマに関する誰よりも深い理解を体現しなければならないのかと不安になるかもしれませんが、そういうわけではありません。むしろ、子どもの前で「知らない」「わからない」とさらけ出し、知りたがり屋の子ども代表になること。子どもの探究を十分に展開させるために、学校内の各所をつなぐこと。そして、子どもと外部の専門家をつなぎ、子どもと同じ学習者として外部の専門家に学ぶことが求められます。時には、教科の授業においてもこのような役割を演じることが必要でしょう。

　これは、教科指導の専門家として高い専門性をもつ高校教師にとっては、難しいことのように思えるかもしれません。しかし、教科指導の専門家として自信がある教師は、その基礎学問における探究のおもしろさを熟知しています。そのため、実際には教科指導の専門家として自信のある教師ほど、柔軟に指導の質を変え、子どもとともに探究を楽しんでいるのではないでしょうか。

4 高校教師の1週間

　ここまで，教師の仕事について，授業に絞ってやや理念的に述べてきました。教師の仕事には，授業のほかに，学級担任としての仕事や課外活動の指導など，さまざまな仕事があります。また，子どもの立場からはみえにくいのですが，「校務分掌」と呼ばれる，教職員が分担して行う学校組織の運営に関わる仕事があります。教師の仕事は多岐にわたっているのです。

　実際の例をみてみましょう。次に示すのは，二人の高校教師，A先生とW先生の4月の1週間です。A先生は，地方の県立高校に勤める50代半ばの男性教師です。今年度は社会科系科目の教科担任として，1年生の「現代社会」と3年生の「倫理」「政治・経済」を担当しています。教科指導と同時に，20年間，相談室の運営を行ってきました。相談室運営のため，学級担任からは外れています。今年度は保健部の部長となりました。4月のある1週間，授業は15コマありました。授業がない空きコマには，社会科系科目の会議および保健部の定例会議が入りました。授業と会議を除いて空いている時間には，授業の教材研究を行ったり，相談室担当としてある生徒への対応について学級担任や養護教諭と相談したり，保健部長として職員会議で提案する保健安全事業の年間計画を作成したりしました。

　もう一人のW先生も，地方の県立高校に勤める40代後半の男性教師です。今年度は2年生の学級担任および国語科の教科担任を務めています。また，「総合的な学習の時間」のカリキュ

ラム開発・研究所に所属しています。長く弁論部の顧問も務めています。1週間のスケジュールはA先生と似ていましたが，異なる点は，「総合的な学習の時間」のカリキュラム開発・研究部の一員として，校内各所や校外との連絡調整の仕事が多かったという点です。たとえば，「総合的な学習の時間」を実施するために，教務部と時間割を作成・調整したり，図書係の教員や図書館司書と充実した課題探究の指導が行えるよう相談をしたり，ある科目で外部助言者を務める大学教員などの外部専門家に年間指導計画を送付したり，他校からの視察を受け入れて対応したりしました。また，弁論部の顧問として，部員と弁論大会に向けた活動スケジュールの打ち合わせを行いました。

以上の事例からわかるように，教師は学校組織の一員として運営を担っており，その実際の仕事は，多岐にわたっています。

5 学校組織を運営するという仕事

学校運営の中心となるのは，運営部といった名称で呼ばれる部会です。運営部には，校長や教頭，教務主任などのほか，各学年の責任を担う学年主任などが参加し，学校教育目標の設定や学校運営の全体計画づくりを行います。運営部のほかには，時間割の作成や学校行事の運営などを行う教務部，子どもたちの健康と安全管理を行う保健部，児童会や生徒会の指導を通じて自治的・民主的な集団づくりをめざす生徒（生活）指導部，進路指導部といった部会が設定されます。小学校では，研究部と呼ばれる部会が設置されることが多くあります。その長である研究主任が，校内

コラム⑫　実　践　記　録

　日本の教師たちは，自らの教育実践を対象として教育研究を行うという独特な文化を築いてきました。そして，研究の道具として，教育実践を文章で記録する実践記録と呼ばれる方法を生み出しました。実践記録においては，固有名をもつ教師が固有名をもつ子どもたちに対して，授業を含む学校生活の全体を通してどう働きかけ変えていったのかということが，時には文学作品のように生き生きと描かれています。

　実践記録にもとづいた教育研究は，第二次世界大戦前から蓄積されてきたものですが，花が開いたのは戦後の新教育期から1990年代くらいまでです。無着成恭『山びこ学校』（1951年），東井義雄『村を育てる学力』（1957年），斎藤喜博『授業入門』（1960年）などは，教師をめざす学生であるならば，一度は手に取ったことがあるでしょう。また，高校教師によるすぐれた実践記録には，仲本正夫『学力への挑戦――"数学だいきらい"からの旅立ち』（1979年），大津和子『社会科――1本のバナナから』（1987年），加藤公明『わくわく論争！　考える日本史授業――教室から「暗記」と「正答」が消えた』（1991年），吉田和子『フェミニズム教育実践の創造』（1997年）などがあります。

　実践記録の書き方は，非常にバラエティに富んでいます。しかし，共通する特徴として，第一に，教師の主体的な判断が書き込まれているという点を指摘することができます。そもそも，戦前の生活綴方教師たちが使い始めた教育実践ということばには，教育を実際に担う教師こそが，教育と研究を行う主体でなければならないというメッセージが込められています。したがって，実践記録には，時代状況や情勢の診断，そして目の前の子どもたちの発達や学力の実態の診断が書かれ，どのような判断を行って子どもたちをどう教育していったかが，詳細に書かれています。

　第二の特徴として，教師の判断が記述されるだけではなく，実践

を振り返って教師が学習したことが書かれているという点を指摘することができます。その内容には、子どもの個性的な考えやさまざまな授業方法の可能性といった点にとどまらず、実践を構想する自身の思考におけるとらわれなども含まれます。時には、「自分のこれまでの授業は根本的に間違っていた」といったことが書かれることがあります。

しかし、1960年代には、テープレコーダーなどの記録媒体が普及し、教育研究の科学化を目的に、授業記録と呼ばれる方法が広がりました。授業記録では、固有名をもった教師と子どもの学校生活全体が描かれるのではなく、1時間の授業を正確に再現できるようT-C記録（Tは教師を、Cは子どもを表す）を示すのが主流となりました。

さらに近年では、ほぼすべての教師が、研修や学校の研究開発活動において、実践報告と呼ばれる文章を書くことが求められるようになっています。実践報告の書き方はさまざまですが、研究の目的および課題と仮説を提示し、仮説にもとづいて立てた単元計画と授業計画を示し、授業の実際を報告した上で、単元と授業の効果を測定すること（ワークシートやノート、アンケート、テスト等の分析）を通して仮説を検証するという流れになっていることが多くみられます。

実践記録から授業記録、そして実践報告への変化は、一見すると、研究方法の科学化が進んだかのようにみえます。しかしながら、このような方法の変化は、科学的方法の名のもとに匿名性を高めてしまい、ほかならぬこの自分が、目の前のこの子たちにどう働きかけるかという教育研究にそぐわないものになっているように思います。

そもそも、本当に研究方法の科学化が進んだといえるのかも疑問です。科学の本質は探究という営みにあります。本書で描いてきた探究という営みは、問いを再構成しながら問いと答えを繰り返すことで、次第に、追究しがいのある問いと明確な仮説が生成してくるというものでした。また、教師の発達を促す学習とは、自らの実践

> を振り返ってその深い意図を探りだし，次の実践の道筋を展望するというものでした。そうであるならば，教師の主体的な判断と学習を書くという実践記録の方法は，科学的な教育研究にとっても，また教師の力量形成にとっても，非常に重要なものとなります。懐古的になる必要はありませんが，教師が主体となる教育研究を支えるにふさわしい方法を開発していくことが必要です。

研修を組織し，授業のあり方について研究を行ったり，新しいカリキュラムの開発を行ったりします。高校で研究部が設置されている学校はまれですが，徐々に増えつつあります。

このように，教師たちは，学校運営に関わる仕事を分担して担い，それぞれの部が1年間の計画を立てて職員会議に提案し，承認された案を実行し，年度末に総括を行い，学校組織を運営しています。

しかし近年，教師の仕事の多様化や多忙化が問題になり，学校組織のあり方，とくに校務分掌や課外活動のあり方が問われるようになっています。そこで注目されるのが，教員や学校事務職員以外のスタッフです。

現在の学校には，PTAや学校評議員といった伝統的に学校に参加してきた人々に加えて，学校カウンセラー，学校ソーシャルワーカー，ALT（外国語指導助手），地域のボランティアといったさまざまな人たちが参加しています。文科省は「チーム学校」というスローガンで，こういった専門スタッフや地域の人材の学校参加をさらに充実させ，教師が本業である授業により集中できる体制づくりを進めようとしています。

ただし，このことは，学校教育の分業化を進めるということで

はありません。子どもたちにとって学校は生活の場であり，授業を含めたさまざまな機会を通して発達しています。授業を含めたさまざまな機会に子どもたちと接するスタッフは，特定の教科の授業を担う教師にはみえない子どもたちの多様な姿を知っている可能性があります。そこで教師は，同僚の教師や専門スタッフとコミュニケーションを密にとることで情報を共有し，子どもたちを多角的に理解するよう努めることが大切です。先に示したA先生は，現在の組織体制の中でも，このようなことを率先して実行していることがわかるかと思います。15講次で詳述しますが，A先生は相談室運営を通して学んだことを，教科の授業づくりに生かしています。

　また，学校組織のあり方は，「カリキュラム・マネジメント」の視点からも問われるようになっています。1998年・99年学習指導要領において，「総合的な学習の時間」が導入され，各学校において「創意工夫を生かし特色ある教育活動を展開する」ことが推奨されるようになりました。さらに2016年・17年改訂（予定）の学習指導要領に向けて，「教育課程全体を通した取組を通じて，教科横断的な視点から教育活動の改善を行っていくことや，学校全体としての取組を通じて，教科等や学年を超えた組織運営の改善を行っていくこと」（教育課程企画特別部会，2015年）が求められています。先に示したW先生は，現在の組織体制の中でも，校内や校外の各所のネットワークを形成する役割を果たしていることがわかるかと思います。

　今後，教師のこうした仕事はより重要になります。そうであるならば，たとえば上からの一方向的な指示系統をもつツリー型の組織を根本的に見直すといったように，学校の組織運営のあり方

そのものも改善していくことが必要になるでしょう。

📖 推薦・参考図書

大田堯『なぜ学校へ行くのか』岩波書店，1995 年
勝田守一『能力と発達と学習』国土社，1990 年
教育課程特別部会（第 7 期）[中央教育審議会教育課程部会教育課程企画特別部会]「教育課程企画特別部会における論点整理について（報告）」（2015 年 8 月 26 日）
田嶋一・中野新之祐・福田須美子『やさしい教育原理』第 3 版，有斐閣，2016 年
田中耕治・鶴田清司・橋本美保・藤村宣之『新しい時代の教育方法』有斐閣，2012 年
中内敏夫『教育学第一歩』岩波書店，1988 年
ビースタ，G. J. J.（藤井啓之・玉木博章訳）『よい教育とはなにか――倫理・政治・民主主義』白澤社，2016 年
堀尾輝久『人権としての教育』岩波書店，1991 年
宮崎清孝『総合学習は思考力を育てる』一莖書房，2005 年

14講次 授業をつくる教師の力

はじめに

　教師は皆（これから教師になる人も含めて），「いい授業がしたい」「自分なりに納得のいく授業がしたい」と願っています。そして，「授業がうまい」と評判の教師の授業や，時代の最先端をいくとされる「〇〇型の授業」を参観する機会に恵まれると，自身の授業に生かせる授業技術はないかと懸命に探します。さらには，そうして得た授業技術を，翌日の自身の授業で使ってみることもあります。しかし，どうもうまくいかないという経験をした教師は多いのではないでしょうか。そのとき，「学校も子どもも違うから」「あの先生と自分はキャラクターが違うから」などと考えをめぐらせ，結局のところ「自身の授業スタイルに合っていないから」という結論にたどり着くことが多いと思います。

　日本国憲法の精神に則って教育関連法を遵守し，大綱としての学習指導要領および自校の教育計画に準拠することを前提とした上で，教師は一人ひとり個性的な存在であり，誰もが自身の授業スタイルを模索しています。長年かけて築いてきた授業スタイルは，教師としてのアイデンティティそのものでもあります。

　それでは，一人ひとりの教師が自身の授業スタイルを模索し，「自分なりに納得のいく授業」に挑戦していく際には，何を拠り

所にしたらいいのでしょうか。14講次では，「自分なりに納得のいく授業」に挑戦していくために，教師がもっておくべき知識や理解について考えていきます。そして，さらに進んで，「発達可能態としての子ども」という考え方に立ったときに，授業づくりという営みについていかに考えたらいいのかを追究していきます。

1 豊かな可能性のイメージをもつ

　教職課程を履修している学生に対して教育学理論を語っていると，「こんな授業をしてみたいけれど，実際の現場では無理だ」「現場の論理は違う」といった反応が返ってくることがあります。彼・彼女らは，自身が教育実習などで直接的に経験した，数少ない現場のあり方にとらわれてしまうようです。

　しかし，実際には日本の学校現場は千差万別であり，授業の可能性は無限にあります。そして，「自分なりに納得のいく授業」に挑戦している教師は，それまで見聞きしたさまざまな事例を通して，授業に関する豊かな可能性のイメージをもっています。まずは，さまざまな授業を参観したり実践記録（コラム⑫参照）を読んだりすることを通して，授業に関する豊かな可能性のイメージをもっておくことが重要です。

　このことは，学校のカリキュラムに関しても同じです。カリキュラムの可能性は無限にあります。本書の5講次では，個性尊重を掲げてカリキュラムを改革してきた事例として緒川小学校を紹介することで，カリキュラムに関する豊かな可能性のイメージ

をお伝えしました。

さらには，そうしてふれてきた多くの実践事例の中でも，とくに心に残る実践があると思います。「ネタのある授業」「追究する鬼を育てる授業」で有名な，有田和正という小学校社会科教師がいます。有田は，自身が開眼するきっかけとして，奈良女子大学文学部附属小学校の公開授業研究会で，長岡文雄の「ポストとゆうびんやさん」という授業を参観し，「授業が始まって5分もたたないうちに，脳天をぶんなぐられたような強いショックを受けた」という経験を述懐しています。

「脳天をぶんなぐられたような強いショック」とまではいかなくても，「こんな授業もありうるのか」「自分の教室でもこんな子どもの姿がみたい」と，触発されることがあるでしょう。そのようなときは，授業者の授業哲学（「授業は子ども一人ひとりのためにある」「教材が子どもを動かす」といった格言で言語化されることが多い）に共感しているのだと思います。

授業哲学は言語化すると陳腐にもなってしまいますが，具体的な事例を通すと，その奥深さが十分に理解できます。自身の授業哲学を明確にもつために，心に残る実践事例に出会った際には，なぜその実践が心に残るのか折にふれて考えてみることをすすめます。

2　授業を分節化して考える

授業哲学や授業に関する豊かな可能性のイメージをもっていたとしても，授業を丸ごと変えるのは難しいことです。だからとい

って，本講の冒頭で述べたように，個々の授業技術を要素的に取り入れたとしても，「自身の授業スタイルに合わない」と感じる結果に終わることが多々あります。授業を部分的に改善しつつ自覚的に構成していくためには，授業をいくつかの重要な要素に分節化してみることが重要です。要素に分節化することで，どのポイントで頭を使い，意思決定をするのかを自覚することができるからです。

 授業の分節化は，それ自体，教育学が探究してきた課題でもあります。日本の教育学においては，「授業に欠くことができない要素とは何か。どのような要素があれば授業が成立するのか」という問いが追究され，答えが模索されてきました。そこで，以下，その展開を簡単に追ってみましょう。

1 教師 − 教材 − 子ども

 日本の教育学の中に古くからあったのが，授業を「教師」「教材」「子ども」の3要素に分節し，「教材」を介して「教師」と「子ども」が関わり合う関係を示した「授業の三角モデル」と呼ばれるものです。このモデルは，教師が直接的に子どもを指導するのではなく，子どもが取り組む対象となる「教材」という要素を見出した点に功績がありました。

2 教科内容 − 教材 − 教授行為

 1960年代の高度経済成長期には，教科内容に現代科学の成果を大幅に取り入れることが求められました（「教科内容の現代化」運動）。そのため，従来の「教材」を「教科内容」と「教材」に分け，「教科内容」＝教えたい内容（たとえば「水中の熱の伝わり

方」),「教材」＝教科内容を典型的・具体的に伝える現象であり,子どもが取り組む対象（たとえば「味噌汁の対流現象」）と整理されました。また,教科内容研究が一段落した1970～80年代には,「教授行為」という要素（子どもを「教材」に取り組ませる技であり,教師の発問・指示や学習形態などを含む）の重要性が見出されました。

3 教育目標・内容 – 教材 – 教授行為 – 教育評価

1990年代に入ると, 2 のモデルの限界が明確に意識されるようになります。なぜなら, 2 のモデルでは,教師がどのような「教材」を用いてどのような「教科内容」をどう伝達するかは問われていますが,子どもたちがその内容を学んだ結果,発達させることが期待される能力（対象への深く本質的な理解,ものの見方・考え方）は問われていないからです（指数関数を学んだ結果何ができるようになるのか,世界がどのようにみえるようになるのか）。こうして,内容を学んだ結果として発達が期待される能力＝「教育目標」が授業の要素として明確に位置づけられ,同時に「教育目標」の実現状況を把握する「教育評価」の重要性が見出されました。

授業を「教育目標・内容」「教材」「教授行為」「教育評価」という4つの要素に分節化するということは,現在では,一般的に用いられている指導案の書式に明確に反映されています。しかし,高校の公開授業を参観すると,授業の目標や評価規準・基準を指導書などから引き写すことで,実際にはそこに意識が及んでいなかったり,教師が講義を延々と続けてしまい,子どもたちが取り組む教材や発問・指示が用意されていなかったりする場合があります。指導案の書式に込められた意味を,十分に理解することが大切です。

実際,「自分なりに納得のいく授業」に挑戦している教師は,授業の4要素を明確に意識し,それぞれの要素に関して自覚的に意思決定をしています。13講次において登場したW先生のモデルとなった,高校国語科教師である渡邉久暢先生の場合をみてみましょう。

　高校2年生の冬に実施する,夏目漱石「こゝろ」を教材として扱う単元に関して,渡邉先生は次のように意思決定しました。まず,単元における教育目標（つけたい力）は,「多角的に思考する」ことにしました。「こゝろ」の最大の特徴は,「私」と「先生」という二人の異なる語り手が互いの語りを相対化する点にあり,「こゝろ」はまさに「多角的に思考する」ことを指導するにふさわしい教材だと考えたからです。また,春に実施した中島敦「山月記」を教材とした単元において,生徒たちの中に「李徴は真実を語っているのか」という疑問が芽生えており,生徒たちは語り手のバイアスを意識した読み方を求めていると感じていたからです。「多角的に思考する」という目標を達成させるために,単元の序盤では「語り手」「語り」という概念（教科内容）を丁寧に指導し,単元の終盤で主とする発問は「先生はKが自殺をした理由をどう捉えたのか」にしました。そして,「Kの自殺」に関する複数の文章をコピーして生徒たちに配布し,各自どう考えるかノートに書くよう指示し,グループで交流し追究するということを計画しました。このノートを資料として,どの生徒がどの程度「多角的に思考する」ことを行っているかを評価し,指導に生かそうと決めました。渡邉先生の「こゝろ」の授業づくりにおいては,授業の4要素が明確に意識されていることが理解できるかと思います。

3 発達と学習の主体である子ども

先に述べた授業の4要素は，授業を成立させるために教師がもつべき最低限の知識であるといえます。ただし，この知識を絶対化する必要はありません。授業の分節化について，もう少し深めてみましょう。筆者は，13講次において「発達可能態としての子ども」という考え方を示し，学校教育の目的は子どもたちの人間らしい全面的な発達を実現することにあり，子どもたちは，人権主体として自由に探究し学習する権利をもっていると述べました。授業を「教育目標・内容」「教材」「教授行為」「教育評価」という4要素に分節化することは，教師があらかじめ授業のすべてを計画し，子どもを教育の客体として位置づけているようにみえます。実際，授業の分節化に関しては，発達と学習の主体である子どもをいかに明確に位置づけるかという点が，議論になり続けています。具体的な課題として，ここでは，以下の3点をあげましょう。

1 教育目的をいかに位置づけるか

まず，授業に「教育目的」をいかに位置づけるかという課題です。「教育目的」とは，「教育目標」（学んだ結果発達が期待される能力など）とはある程度区別されるものであり，たとえば「市民社会を担う市民の育成」「よい人間への全面的な発達」といった教育の究極的な目標であり，めざす人間像や子ども像です。

日常の授業づくりにおいて，実は自らの「教育目的」に従って

いることを自覚している教師は少ないかもしれません。しかし，教師たちはしばしば，教科の「教育目標」ではなく，子どもたちへの「期待」や「願い」として表現される「教育目的」をもとに意思決定をすることがあります。先に登場した渡邉先生は，教科の「教育目標」を強く意識する教師ですが，たとえばなんらかの理由によって「文章内容は読みとることができるが自分の考えを表現できない苦しみを抱えている生徒」に対しては，うまく考えを引き出してくれそうな生徒をペア学習の相手にしたり，そのペアがじっくりと時間をかけてもいいように，早く終わったペアには漢字プリントを用意して時間を埋めるといった細かい判断をしています。

この判断には，その生徒に対する「自分の考えを表現できるようになってほしい」という「願い」や「できるはずだ」という「期待」として表現される「教育目的」があります。そして，このような「願い」や「期待」として表現される「教育目的」は，国語科の学力というよりもむしろ全人格の発達に関わります。

また，社会科はその教科内容が「教育目的」に直接的に関係するためか，社会科系科目を担う教師の中には，「教育目的」を貫徹させた授業づくりを行う教師がいます。高校日本史教師であり「考える日本史授業」で有名な加藤公明は，「教育目的」（今，生徒たちは歴史認識の主体として，いかなる発達課題をもっているのか。何のためにどのような授業をするのか。授業を通じてどのような人間になってほしいのか）を優先し，それに従って内容・教材・方法を決定すると述べています。

国語科や社会科は教育目的を意識しやすいですが，理科や数学はどうでしょうか。また，技能系教科とされることが多い英語や

家庭科や体育はどうでしょうか。ぜひ考えてみてください。

2 子どもの主体的に学ぶ内容をいかに位置づけるか

　次に，子どもが主体的に学ぶ内容をいかに位置づけるかという課題です。教師は授業を実施する前に，教えたい内容をもっています。しかし，教師の頭の中にある内容が，そのまま子どもたちに伝達されるわけではありません。子どもは，教えられる前から知識をもち，世界のあらゆる事象に関して自分なりに理解しています（構成主義の学習観）。たとえ教師に教えられたとしても，教師の意図を超えて，主体的に学んでいます。子どもは学習の主体であるという点を，授業の分節化にいかに反映させればいいでしょうか。

　1節に紹介した「ネタのある授業」を行った有田和正は，子どもたちが追究したくなる教材（ネタ）を発掘することに徹し，その教材を通して子どもたちがつくりあげる学習内容は，事前に決定しないと主張しています（もちろん，本当に決定していないか否かは，検討の余地があります）。また，加藤公明が所属する千葉県歴史教育者協議会では，有田の実践も検討対象に含め，教科内容は授業前に教師が決定するのか，授業中に子どもとつくりあげるのか，という論争が行われています。加藤自身は，生徒一人ひとりが自分なりの歴史像をつくりあげるために，事前に生徒が到達すべき歴史認識の内容は設定しないと述べています。加藤が追究したのは，絵画史料教材をもとに，生徒たちが推論と討論を行う「考える日本史」という授業でした。有田や加藤の主張や実践からは，子どもたちが取り組む教材は，単に教科内容を伝達する手段というわけではなく，子どもたちの豊かな学習を成立させるた

めの固有の価値をもっていることも示唆されます。

　以上の議論を念頭において，近年注目を集めているのが，「逆向き設計」(backward design) 論です。「逆向き設計」論では，「教育目標」を，単元を通して探究する「問い」と，その問いに対応して身につけさせたい「理解」の形で書くことを求めています。単元を通して探究する「問い」（「逆向き設計」論では「本質的な問い」と呼びます）の例には，たとえば「読むとはどういうことか」や「社会を変えるのは何か。どのように変えていくことが民主的で平和的な国家・社会をつくりあげることになるのか」といったものがあります。

　このように「教育目標」を「問い」の形で構想することによって，子どもたちに，「理解」は自ら深め続けるものであると伝えることが可能になると期待されます。もちろん，その前提として，教師が「本質的な問い」を自らの「問い」として探究し，「問い」への「理解」を深め続けることが必要です。自身が担当する教科においては，どのような「本質的な問い」が構想されるでしょうか。そして，その「本質的な問い」が機能するためには，どのような教材や学習活動が構想されるでしょうか。ぜひ考えてみてください。

3 授業への子どもの参加をいかに促すか

　最後に，人権の主体である子どもという子ども像を重視すると，授業への子どもの参加をいかに促すかという課題が浮かび上がってきます。高校家庭科教師である吉田和子は，「先生，その発問ダサいよ！」という生徒たちの発言を学習内容に対する意見表明と捉え，生徒たちが学習内容を共同決定するという授業を生み出

しました。吉田の実践を足がかりとして、現在、授業への子どもたちの参加を促す取り組みが模索されています。ただし、授業の目標や内容の決定には教科の専門性が要求されるため、子どもたちの大幅な参加を促すことは難しいです。そこで、「評価への参加」という参加のあり方も提唱されています。近年注目を集めているポートフォリオ評価（コラム②参照）やパフォーマンス評価（コラム①参照）は、子どもたちに対して、教師の指導から相対的に自立して学習し、実際に学び得た成果を表現することを可能にしてくれます。自身の教科の授業でポートフォリオ評価やパフォーマンス評価を用いるとしたら、どのように用いるでしょうか。このことについても、ぜひ考えてみてください。

4 教育の主体である教師

　ここまで、授業の分節化に関わって、発達と学習の主体である子どもをいかに位置づけるかという課題について述べてきました。このことは、教師が教育の主体であることを否定しているわけではありません。むしろ、子どもが発達と学習の主体となるために、教師は教育の主体となる必要があります。それでは、教師が教育の主体であるとはどういう意味でしょうか。

　教育学研究者である中内敏夫は、教師の授業づくりに関わって次のようなことを述べています。すなわち、子どもは次の新しい社会を担う大人であり、大人の予想を超えて無限に発達する可能性をもっている。ただし、子どもの無限の可能性の根拠は、むしろ社会の側にある。なぜなら、子どもは社会の文化遺産をわが物

とすることによって，その能力を発達させるのであり，社会の側に教えるべき無限の遺産があるからである。教師は，その無限の中から，子どもの能力を発達させるものを選んで教えることによって，ある一定の方向へと子どもの能力発達を促すということです。

　中内は，このような論を，公害学習の授業づくりに関わる中で発展させました。公害という形で科学が直接的に子どもの発達を脅かす一方で，地域住民が科学的知識を武器に住民運動を展開する事実を目の当たりにした中内は，科学にも複数の系統があり，子どもの発達を促す科学と，そうでない科学があると考えるようになりました。

　たとえば，青森県陸奥地方の教師たちは，子どもたちが理科の授業で，カビやキノコは植物ではないと主張したことをきっかけに，理科の生物分野の教科内容と教材を批判的に検討しました。そして，生物分野が「生産」（植物）と「消費」（動物）という内容区分になっており，「還元」を欠いた科学であることに問題を見出します。そこで，サイクル化する自然という自然観を育成するために，「生産」と「消費」に加えて「還元」を教育内容として位置づけ，「還元」の重要な教材としてカビ・キノコを位置づけました。中内は，このことに言及しつつ，公害学習の授業づくりを行う教師たちが，現在の科学や学問の成果を複数化して可能性の束として認識し，そのうちの1つを選びとって伸ばすことによって，新しい社会や人間を進歩的に再生産しようとしていると主張しました。

　現在ある学問の成果のうち，目の前の子どもの発達を援助するのはいずれなのか。教育の主体として教育の場から学問を問う。

そこに教師という仕事のダイナミズムがあり，教師に固有の探究があります。

📖 推薦・参考図書

有田和正『名人への道——社会科教師』日本書籍，1989 年
ウィギンズ，G.・J. マクタイ（西岡加名恵訳）『理解をもたらすカリキュラム設計——「逆向き設計」の理論と方法』日本標準，2012 年
加藤公明『考える日本史授業4——歴史を知り，歴史に学ぶ！ 今求められる《討論する歴史授業》』地歴社，2015 年
グループ・ディダクティカ編『学びのための授業論』勁草書房，1994 年
柴田義松『現代の教授学』明治図書，1967 年
中内敏夫著／上野浩道・木村元・久冨義之・田中耕次編集代表『「教室」をひらく——新・教育原論』（中内敏夫著作集）藤原書店，1999 年
西岡加名恵『教科と総合学習のカリキュラム設計——パフォーマンス評価をどう活かすか』図書文化，2016 年
八田幸恵『教室における読みのカリキュラム設計』日本標準，2015 年
藤岡信勝『授業づくりの発想』日本書籍，1989 年
吉田和子『フェミニズム教育実践の創造——〈家族〉への自由』青木書店，1997 年

第15講 教わる立場から, 教える立場へ

はじめに

 読者の皆さんは，本書を手に取るまでに，いくつかの発達の壁に突き当たったと推測します。教師をめざす多くの学生は，まず大学生活のスタートにおいて，大学において求められる探究的な学習のあり方を習得することに自らの課題を見出します。大学2～3年生になると，演習や実習科目が増え，教えてもらう立場から教える立場へと転換することが求められます。教える立場への転換は容易ではなく，学生たちは，この段階でようやく教えるという仕事の複雑さを実感します。

 教師として生活をスタートさせた後も，さまざまな課題が待ち受けています。新任教師はまず，子どもたち，保護者，そして同僚教師と関係を構築するという課題に直面します。3年ほど経験を積むと余裕が出てきて，「自分なりに納得のいく授業をしたい」という願いをもって授業づくりを行うようになります。「自分なりに納得のいく授業をする」という課題は，以降，生涯にわたって課題となり続けます。また，「自分なりの学級づくりをする」を生涯にわたる課題とする教師もいます。40～50代になると，自身が教師として取り組んできたことを確立したり，後輩指導や校内の教育活動全体を回す役割を担ったりと，選び取ったキャリ

アによって発達課題が分化していきます。

　前講では,「自分なりに納得のいく授業をする」ために,授業づくりのあり方について述べました。最終の15講次では,「自分なりに納得のいく授業をしたい」と願う教師が,授業者として生涯にわたって力量を向上させていくために,教師自身が探究的に学ぶことの重要性について考えてみます。

1 ある教師による教員生活の振り返り

　教師の力量向上を促す取り組みの事例として,1つ,ユニークな取り組みを紹介しましょう。福井大学の教育学部が実施している,教員免許状更新講習における必修領域の講習です。この講習では,すべての受講者に,大学における教職課程の履修から教員免許状更新講習を受けるまでの経験を振り返って記録にまとめることで,教師としての歩みを確かめ,次の10年の展望を得るということを行っています。13講次で紹介したA先生のモデルである青木建一郎先生は,30余年の教員生活を振り返って,次のような記録を書いています。少し長いですが,その一部を引用します（青木,2015；本書に掲載するにあたって若干の修正を行っています）。

市民社会の意義を問い,市民を育てる
教科をつなぐ教養教育の試み
　　　　　　　青木建一郎（福井県立藤島高校）
Ⅰ　これまでの実践と現在の試み
　今回の受講を機に,30余年の教員生活を振り返ってみると,

大きく分けて2種類のことを行ってきたように思える。1つは社会科の教員としての社会科教育である。経済学科の出身であり教育学に詳しくないことから、20代30代の頃は何を目的として教員をしているのかが明確ではなかった。自分自身が受けた教育をモデルとして漫然となぞっていたように思う。しかしながら、30代で始めた教育相談の仕事が、自分のものの見方を変えた。以来、20年にわたって教育相談係を務めてきたことが、2つ目の仕事である。

筑波大学の社会人大学院に半年間内地留学してカウンセリング心理学を学んで得た視座は、どういう人格に育つべきなのかという、「個人」の側から見るものであった。もともとは、社会科の科目「現代社会」の思想・哲学分野を教える際に、心理学を媒体にすれば生徒は分かりやすいだろうという程度の目的で内地留学に応募したのだが、カウンセリング心理学は私のものの見方そのものを大きく変えた。他者の話をありのままに聴こうとする訓練は、必然的に自分のバイアスの理解につながる。自分の現実認知のスタイルを相対化することは、他者のものの考え方、価値観を尊重することにつながる。カウンセリングの理論を学んだ上で、実際に多くの悩みを持つ生徒と長い時間をかけて話し合う経験を通して、元若狭高校校長の鳥居史郎が掲げた教育目標「異質なものへの理解と寛容」が腑に落ちる思いであった。

多くの不適応を起こした生徒と話をするうちに、不適応を起こす生徒の方が正常に思えることがたくさんあった。それは、適応を求める「社会」の方に問題があると感じたということである。臨床心理学者の河合隼雄が、「一人一人の問題の中に社会の問題が見えてくる」という趣旨のことを書いていたが、その感覚を実体験することになった。大学時代に学んで社会科の教員として持ってきた「社会」の側から考える視点と、教育相談

で学んだ「個人」の側から考える視点とが、あたかも山の両側から掘ったトンネルのように、真ん中でつながってきたのである。

　考えてみれば、高校1年で学ぶ「現代社会」は、思想・哲学から始まり、政治・経済に続く構成になっている。それまでは、前半と後半をバラバラの別物として教えていたが、「個人」と「社会」の両側から掘ったトンネルがつながることで、全体を関連づけて教えることが可能だと考えるようになった。教育基本法にも「人格の完成」と「国家及び社会の形成者」という両面が書かれている。それは、つなげて教えられるべきものだということに気がついたのである。

〔中略〕

　そして、私は40代になってようやく、教育の目的は何だろうという教師としての基本的な問題に向き合い始めた。その結果、市民社会の市民を育てることを明確な目的として掲げる実践に取り組むことになった。さらに、最近2年間は、その前提として、近代と市民社会の意義を問う実践に取り組んでいる。30年間の様々な実践の意味がようやくつながり、今明確な意図を持って授業を構成しようとしている。

〔後略〕

　青木先生はこの後の記述で、近代市民社会を担う市民に求められる能力として、共感能力、社会改革意欲（政治参加意欲）、論理的思考力（知性主義）の3点をあげています。そして、そのような能力を育成するために自身が行ってきた実践として、カウンセリング心理学を活用した授業、模擬裁判などの法教育、新聞という自分と社会をつなぐ有効なチャンネルを用いるNIE（newspaper in education：教育に新聞を)、そしてクラスを4つに分けて政党を

結成しマニフェストをつくって討論会を行う「政党づくり」の実践等, 40代から50代にかけて行ってきた実践を紹介しています。さらにその後, 近代社会システムに関する知識がさまざまな教科目で断片的に扱われることの限界を指摘し, 近代社会システムの基本構造（科学主義・資本主義・民主主義）について論じた文章を厳選し,「総合的な学習の時間」で用いるためにテキスト化するという, チャレンジングな取り組みについても言及しています。

2 「適応的熟達者」としての教師

引用した青木先生の記録には, 教師の発達と学習のあり方が凝縮されています。青木先生は, 30代で学んだカウンセリング理論や教育相談の実践を通して, 自分のものの見方そのものが大きく変わったと述べています。そして, 新しいものの見方を獲得したことは, 自身が担当する「現代社会」という科目を俯瞰的に眺めることを可能にし, それまで個別的に捉えていた内容を関連づけ体系化して理解するようになったことを書いています。さらに40代になって市民社会を担う市民を育てることを明確な目的として意識するようになり, 50代になるとその前提である市民社会の意義を生徒にも問うことを考えるようになった（「総合的な学習の時間」のテキストづくりはその一環）と述べています。このように, 青木先生は, 教師生活の節目において, 学校教育や社会科の目的を根本から問い直し, そのつど意図を明確にして授業を再構成しています。

青木先生のような実践者・学習者は,「適応的熟達者」と呼ば

れます。「適応的熟達者」は,「定型的熟達者」との対比で理解されます。「定型的熟達者」および「適応的熟達者」は,両者とも生涯を通じて学び続けるという点においては共通しています。しかしながら,「定型的熟達者」が実践を「効率化」(より速く・正確に)しようとするのに対して,「適応的熟達者」は実践を「革新」(より広く・深く・柔軟に)しようとします。「効率化」と「革新」は,相容れないわけではありません。新任教師は,授業ルーティンや特定の領域や単元の教え方を確立させることに精いっぱいになってしまいます。授業ルーティンや「この領域・単元はこう教える」といった法則を確立して授業を「効率化」することは,時間と心に余裕を生み,より重要な課題に取り組むことを可能にします。

　しかし,そうして課題に取り組みつつ実践しているうちに,問題の立て方自体が間違っていることに気づき,今までの授業実践を根本的に変化させる必要性に思い至ることがあります。たとえば青木先生は,相談室担当として社会や学校に対して「不適応」を起こす生徒に接することで,「現代社会」という科目に対する自身の理解が不十分だった(個人と社会を連続的に捉えていなかった)ことに気がついたということを述べています。

　また,14講次で登場した日本史教師である加藤公明は,自身の歴史の授業に対する生徒たちの拒否反応(机に突っ伏してひたすら授業時間をやり過ごそうとする姿や,黒板の上に掛けてある時計を5分ごとに見上げてため息をつく生徒たちの姿)を受けて,自身の授業(歴史的事件・事象の因果関係や相互関係を重視して,わかりやすく解説する)を根本的に見直す必要に迫られたと述べています。このように教師は,子どもたちからのある意味での「抵抗」や「拒否」

によって，新しい授業を構想せざるをえない事態に直面するようです。そして，自身の広く深い教養や経験はもちろん，同僚教師や自主研究サークルの仲間たちに支えられて，この事態を直視し，自らの授業実践を発展させる「革新」の契機であると捉えていくようです。授業実践を「革新」しようとすることは，「効率」を損なうため，短期的には授業者としての能力に停滞をもたらすものの，長期的にはその能力を大きく発達させることでしょう。

3　「教わったように教える」ことを自覚する

　「適応的熟達者」として発達していくためには，教師にはどのような学習が求められるのでしょうか。まず，青木先生が記録の冒頭で「自分自身が受けた教育をモデルとして漫然となぞっていたように思う」と書いているように，「教わったように教える」ということを自覚することが必要です。教師になるための学習は，大学の教職課程の履修をもって始まるわけではありません。それより以前に，長期にわたって教わるという経験を通して，つまり教えている教師を長期にわたって観察することを通して，教師になるための学習が始まっているのです。こうして，無意識のうちに「教わったように教える」という事態が起こります。しかも，実際には「教わったと思っているように」です。教えるという仕事は非常に複雑であり，教わる側にはその複雑さはおよそ理解できません。したがって，教える側は必ずしもそう考えていないにもかかわらず，教わる側は，たとえば「教えるとは知識を列挙して伝達することである」「歴史とは過去に生じた出来事の記録で

ある」といった単純で表層的な授業観・教科観を形成してしまうことがあります。授業実践を「革新」する「適応的熟達者」として発達していくならば，まずは自らの被教育経験によって，どのような授業観・教科観を形成してきたかを自覚する必要があります。

4 探究し，省察する

　被教育経験によって形成した授業観・教科観を対象化し，乗り越えていくためには，探究することが必要です。青木先生は，随所で「ものの見方が変わった」という趣旨のことを述べています。教師として生活し，さまざまな研修を受けていれば，自動的に「ものの見方が変わる」わけではありません。探究的な学習とは，8講次で述べたように精度の高いメガネを通して対象を捉え直すことによって，それまでの自身の理解を問い直すことです。青木先生は大学で経済学の知識やカウンセリング心理学の知識を得たのではなく，ものの見方・考え方を鍛えるという探究的な営みそのものを経験したのです。探究するためには，大学院に進学するだけでなく，問題意識を共有する自主研究サークルなどで，日常的・継続的に学び合うことも重要です。

　ただし，教師にかかわらず，人間は既存のものの見方・考え方の枠組みにとらわれてしまうため，自身が本当に追究したいと思っている課題に気づくことや，自身の実践の深く意図していることを明確にすることは，容易ではありません。そこで，実践を前に進めようとすることを一時中断し，長いスパンでじっくりと自

身の実践について「省察」することが重要になります。

　近年,「省察」や「振り返り」ということばは市民権を得たようにみえます。しかし,その意味内容は,単に「経験から学習すること」という程度にしか理解されていないのではないかと危惧します。「省察」には,もちろん,経験を通して身につけたものの見方・考え方や行動の仕方に従って実践し,その過程で新しく学習することも含みます（シングル・ループ学習）。しかしながら,それにとどまらず,「省察」には,新しい知識を取り入れることで自身のものの見方・考え方や行動の仕方を問い直し,これまでの実践の目的や前提そのものを根本的に検討して軌道修正することで,新しい目的や前提を掲げて実践を構想することまでを含むのです（ダブル・ループ学習）。「省察」は,まさに「適応的熟達者」としての発達を援助する営みであるといえるでしょう。また本書が,そもそも探究的な学習を,「省察」を含んだ営みとして描いてきたということが,より明確に理解できるでしょう。

　しかし,「省察」はシングル・ループ学習を含んで成立しているため,「省察」が「効率化」を追究することや既存のものの見方・考え方を単に強化することにつながってしまうこともあります。そういった事態を防ぎ,より深い「省察」を成立させるためには,異質な他者の中で実践を聞き合うことや,学問研究の成果にもとづいて,実践を振り返る際の枠組みを鍛える必要があります。そうして,自身の思考におけるとらわれを自覚し,自身が本当に追究したいと思っている課題を明確に認識し,次の実践の道筋を展望していくのです。

　近年では,このような教師の発達と学習を前提とした研修が実施されるようになってきました。また,授業研究を中心とした校

コラム⑬　研究方法論

　一個人の意見や推測を，論証や実証の裏づけのある研究的な知見としていく上では，さまざまな分野で確立されてきた研究の方法論をふまえる必要があります。とくに，教育に関しては，個人的な経験のみにもとづく私的な「一家言」になりがちです。たしかな方法論にもとづいて探究を進めることで，私的な一家言を，たしかな根拠のあるパブリックな「持論」「見識」に高めていけるのです。なお，たとえば，自文化中心主義の克服という思想や精神を背景に，異文化の現地の人々の主観的視点を知るために生まれた「方法論」（methodology）がフィールドワークであり，それを具体化するものとして，参与観察やインタビュー調査といった個別の「方法」（method）があるのであって，このコラムでは方法論を扱います。

　まず研究は，大きく文献研究とフィールド研究（計量的な実験や調査を含む）に分けて捉えることができます。文献研究の基本的な目的は，これまでの先行研究・先行実践との関係で自らの問題意識や解釈・主張を対象化し，先人の知の蓄積や議論の中に自らを位置づけることにあります。「自分と同様の問題意識をもって研究・実践がなされていないか」「検討したい問題について，過去に，あるいは他国で，類似の問題が発生していないか」こういった問いをもって，文献や資料を調査し，それ自体の中身はもちろん，背景やそれをめぐって起こった批判や論争などを明らかにしていくのです。そこでは，テキストや資料を収集し丁寧によみとき，それらを整理・統合して，自らの仮説や解釈や意見について，思考をめぐらすこと（思考実験）により論証したり，歴史的に検証したりすることが軸になります。こうした文献研究は先行研究の検討につながり，実験や調査やフィールド研究を行う上でも不可欠です。

　次に，現実の事象を対象化するフィールド研究については，下記の表のように整理することができるでしょう。教育は，自然事象とは異なる社会事象であり，その事実に迫るには，フィールドの外側，

客観的な立場から,実証的に研究する量的方法のみならずフィールドに参画しつつ,そこで当事者に経験されている出来事の意味を解釈する質的方法が不可欠です。しかも,教育に関する研究においては,現実を客観的に観察・解明すること(解明志向)だけでなく,目の前の現実を実践的に変えていくこと(改善志向)を意識することも重要なのです。

教育については,厳密な意味での実験が困難ですが,価値的検討や思考実験,歴史的検証は可能です。そして,教育に関する研究では,真理を発見するのみならず,新しい実践や制度の形の発明につながることも重要な目的です。それゆえ,「効果のあるなし」とは別に,実践の価値的な望ましさが検討されねばなりません。その点で,事実の実証・解釈とともに,その事実や実践の価値を論理的に歴史的に検討する思想的研究が重要なのです。

現実の事象を対象化する方法(フィールド研究を中心とする研究)の類型

	解明志向	改善志向
量的(実証)	科学的実験・社会調査(真偽の検証,法則の定立)	効果測定(有効性の検証),テクノロジーの開発
質的(解釈)	事例研究・フィールドワーク,仮説の生成と事実の解釈	アクション・リサーチ,典型事例の創出と実践指針の提示

内研修も,指導法の確立というよりも個々の教師の学習に目的が定められるようになっています。それはたとえば,研究授業の事後検討会が,指導法の良し悪しを議論する時間ではなく,授業を参観して学んだことを相互に語り合う時間へと変化している点などに表れています。子どもと同じ「発達可能態」として,教師も探究し発達し続けていきましょう。

推薦・参考図書

青木建一郎「市民社会の意義を問い，市民を育てる——教科をつなぐ教養教育の試み」福井大学教育地域科学部『平成 27 年度免許状更新講習必修領域報告書』2015 年

稲垣佳世子・波多野誼余夫『人はいかに学ぶか——日常的認知の世界』中公新書，1989 年

加藤公明・和田悠編『新しい歴史教育のパラダイムを拓く——徹底分析！ 加藤公明「考える日本史」授業』地歴社，2012 年

ショーン，D. A.（柳沢昌一・三輪建二監訳）『省察的実践とは何か——プロフェッショナルの行為と思考』鳳書房，2007 年

DIAMOND ハーバード・ビジネス・レビュー編訳『組織能力の経営論——学び続ける企業のベスト・プラクティス』ダイヤモンド社，2007 年

ダーリング–ハモンド，L. J. バラッツ–スノーデン（秋田喜代美・藤田慶子訳）『よい教師をすべての教室へ——専門職としての教師に必須の知識とその習得』新曜社，2009 年

西岡加名恵・石井英真・川地亜弥子・北原琢也『教職実践演習ワークブック——ポートフォリオで教師力アップ』ミネルヴァ書房，2013 年

藤岡完治『関わることへの意志——教育の根源』国土社，2000 年

山﨑準二編著『教師という仕事・生き方——若手からベテランまで教師としての悩みと喜び，そして成長』日本標準，2005 年

事項索引

● アルファベット

AO 入試　6
IEA（国際教育到達度評価学会）
　　32
OECD（経済協力開発機構）　31
PISA（生徒の学習到達度調査）
　　31,32,60
　　——型の学力　34
　　——ショック　31
T-C 記録　162
TIMSS　32

● あ 行

アクション・リサーチ　92
暗記主義　3
アンケート（質問紙調査）　94,97
生きる力　30
いじめ　39,41
　　——の構造　42
一斉授業　50
1対1対応の理解　21
芋づる式検索　86
意欲格差社会　59
依頼状　99
インセンティブ・ディバイド（意欲格差）　59
インタビュー（面接）　93,94
　　構造化——　94,96
　　半構造化——　94
　　非構造化——　94,96

引用（引用・参考文献）　86,137,139
永続的理解　62
『エミール』　50
緒川小学校　52
お風呂場算数　20
オリジナリティ　138

● か 行

外国語　12
改善志向　191
概　念　12,80
解明思考　191
課外活動　159
格　差　57
学　習　1
　　——意欲　32,34,59
　　——観　3,175
　　——権　154,155
　　——時間　58
　　——内容　52,176
　　——の個性化　52
　　——方法　52
　　教科——　54
　　構成主義の——観　175
　　個別——　53
　　調べ——　79,136
　　シングル・ループ——　189
　　先行——　22
　　体験——　54,158
　　ダブル・ループ——　189

学習指導要領（1998・99年改訂）
　　30,157,164
学習指導要領（2008年改訂）　　31
学習指導要領（2017年改訂）
　　126,157
学習指導要領（2018年改訂〔予定〕）
　　7
学習集団論　　142
学習履歴（学びの履歴）　　1,10
学術情報ポータル　　86
学　力
　　——格差　　34,52
　　——形成　　37,59
　　——構造　　32
　　——水準　　32
　　——の質　　62
　　——保障　　62
　　PISA型の——　　34
　　暗記再生型の——　　37
　　教科——　　7
　　生成——　　7
　　確かな——　　31
学力調査　　31,59
学力低下　　29
　　——論争　　60
学　歴　　58
数概念　　20
仮　説　　120
　　——検証　　121
数え主義　　20
課題意識　　76,120,123
課題設定　　120
学級担任　　159
学　校
　　——運営　　160
　　——教育の目的　　154
　　——制度　　50
　　力のある——　　62
活用（する力）　　4,31
家庭環境　　60
カリキュラム　　1,157
　　——・マネジメント　　164
環　境　　19,24
観　察　　93
　　——記録　　101
　　参与——　　93
机間指導　　103
気　質　　39
技術軽視批判　　143
技術主義批判　　143
期　待　　174
きのくに子どもの村学園　　54
逆向き設計論　　63,176
ギャングエイジ　　26
9,10歳の壁　　25
教育格差　　59
教育課程　　136,164,168
教育実践　　76
教育測定運動　　144
教育評価　　144,171
教育目的　　173
教育目標　　171,173
教育論争　　76
教育を受ける権利　　154,155
教員免許状更新講習　　182
教科観　　188
教科指導　　158
教科内容　　170-172

——の現代化　170
共感能力　184
教　材　170, 171
教　師　153, 170
　　——の発達と学習　185
　　——の力量向上　182
教授行為　171
競争的価値観　44
興味・関心　51, 54
許容性　112, 116
議　論　14
　　——の目的　106
近代学校　154
具体的操作期　25
形式的操作期　25
形成的評価　144, 148
ケース・スタディ　92
結　論　110, 135
研究テーマ／研究課題　→テーマ
研究方法論　190
研究論文　137
研　修　189
限定詞　111
語彙力　22
工学的アプローチ　145
公教育　154
交　渉　106
高大入試　6
公表（プレゼンテーション）　67
校務分掌　159
国際学力調査　31, 32
互恵性　112
個人差　51
個　性　50, 51

5段階相対評価　144
古　典　8, 83
　　——として読む　11
ことば　12
　　——の経験　21
子ども　170
　　——観　155
　　——の発達可能性　155
コピペ　138

●さ　行

再現可能性　137
三段論法　110
参与観察　93
思　考　24
　　解明——　191
　　抽象的な——　25
　　論理的——　25, 26, 184
自己決定の原則　54
自己評価　9
実　験　96, 137
実　証　68, 135
実践記録　161, 168
実践報告　162
質的アプローチ（質的方法）　92, 191
執筆活動　68
質問紙　96, 97
質問紙調査　→アンケート
指　導
　　——の個別化　52, 61, 62
　　机間——　103
　　個別——　53
　　習熟度別——　30

自発性　112, 116
社会改革意欲（政治参加意欲）
　　184
社会階層　58
週間プログラムによる学習　53
自由教育　50
習熟度別指導　30
習熟度別編制　52
集団の病理　41, 43
授　業　50, 157, 167
　　——観　188
　　——記録　162
　　——研究　93
　　——時数　30
　　——スタイル　167, 170
　　——づくり　168
　　——哲学　169
　　——の三角モデル　170
　　——の分節化　170
　　一斉——　50
　　ネタのある——　169, 175
主　張　110, 135, 139
　　——の体系化　68
省　察　189
情　報　82
　　——収集　70
　　——として読む　11
書誌事項　139
調べ学習　79, 136
資　料　85, 113, 136
　　——の収集・分析　68
　　一次——　85
　　二次——　85
人格形成　37

新　書　8, 70
真正の評価論　63
人物研究　141
人文・社会科学　80
ストレス　44
性　格　39
生　活　155
生活準備説　156
正規分布曲線　144
正答主義　3
生理的早産　24
接続詞　14
先行研究　137, 143
全国学力・学習状況調査　31, 60
前操作期　25
選択教科　52
専門用語　115
早期教育　19
送迎展示方式　148
総合学科　147
総合的な学習の時間　7, 30, 157
総合的な探究の時間　7, 157
操　作　25
卒業論文（卒論）　67, 135, 142,
　　146

●た　行

大学入学希望者学力評価テスト
　　6
大学入試　4, 6
対象化　73
対照群（統制群）　96
対等性　112
第二言語の習得　23

対　話　14, 105
　　――的な学び　127
確かな学力　31
ダブル・ループ学習　189
探究的な学び　3
探究のサイクル　120
知　育　37, 155
逐語記録　103
知識・技能　31, 34, 37
知性主義　184
知的発達　24
チーム学校　163
抽　象　21
　　――的な思考　25
通知票　144
つながり格差　60
適応的熟達者　185
デザイン実験　92
データ収集　101
テーマ（研究テーマ／研究課題）
　　3, 137, 146
　　――選び（――設定）　68, 72, 122, 142, 146
問　い　72, 176
　　――の再構成　122
　　本質的な――　176
トゥールミン・モデル　110
討　論　14
徳　育　37, 155
図書館　71
読　解　34
トライアンギュレーション　95

● な　行

ナラティブ・リサーチ　92
21世紀型スキル（能力）　5
願　い　174
ノート　11

● は　行

パスファインダー　87
発達可能態としての子ども　156, 168
発達研究　22, 23
発達段階　22-24
話し合い　15
パフォーマンス評価　4, 6, 177
パラグラフ　13
ハンドアウト　113
反復練習　61
批判意識　141
百ます計算　29
評　価　6, 63, 141, 144, 171, 177
剽　窃　137
敏感期　23
ファイリング　88
フィールド（研究）　91, 190
ブルーム学派　148
プロジェクト　54
文化階層　60
文　献　136
　　――研究　190
　　――（資料）調査　70, 79
勉　強　1
報　告　104
方法論　70, 190

保護　155
ポートフォリオ　7,9
　——評価　177
本の読み方　8,82
本屋　71

●ま行

マスタリー・ラーニング　144
学び
　——合い　105
　——の三位一体論　127
　協同的な——　53
　主体的な——　127
　対話的な——　127
　探究的な——　3
　深い——　126
学びからの逃走　36
学びの履歴　→学習履歴
面接　→インタビュー
文字　21
問題意識　72,75,120

●や行

ゆとり教育　29,60
ゆとり世代　31
用語　12
幼児教育　19

読み書き　22

●ら行

羅生門的アプローチ　145
理解　176
　1対1対応の——　21
　永続的——　62
留学　130
量的アプローチ（量的方法）　92,191
理論研究　141
臨界期　23
歴史的・社会的背景　73,123
レジュメ　69,113
レポート　135
論拠　110
　——の裏づけ　111
論証　68,106,129,135
論争　76,145
論点　124,125
論文　67,135
論理的思考　25,26,184

●わ行

わかる力　37
ワークシート　113

人名索引

アイスナー　145
青木建一郎　182,185
安彦忠彦　51
有田和正　169,175
内田義彦　11,79,84
大津和子　161
加藤公明　161,175,186
苅谷剛彦　58,59
斎藤喜博　142,161
志水宏吉　59,60,62
関口靖広　93
タイラー　144
デカルト　125
デューイ　138
東井義雄　161
トゥールミン　110

中内敏夫　177
長岡文雄　169
仲本正夫　161
林竹二　143
ピアジェ　24
ブルデュー　148
ブルーム　140,141
ペスタロッチ　50
丸山眞男　83
耳塚寛明　60
向山洋一　143
無着成恭　161
森田洋司　41
吉田和子　161,176
ルソー　50
渡邉久暢　172

教育をよみとく
——教育学的探究のすすめ

Introduction to the Study of Education

2017 年 4 月 30 日　初版第 1 刷発行

著　者	田中　耕治（たなか　こうじ） 石井　英真（いしい　てるまさ） 八田　幸恵（はった　さちえ） 本所　恵（ほんじょ　めぐみ） 西岡加名恵（にしおか　かなえ）
発行者	江草　貞治
発行所	株式会社　有斐閣

郵便番号 101-0051
東京都千代田区神田神保町 2-17
電話　（03）3264-1315〔編集〕
　　　（03）3265-6811〔営業〕
http://www.yuhikaku.co.jp/

印刷・株式会社暁印刷／製本・牧製本印刷株式会社
©2017, Koji Tanaka, Terumasa Ishii, Sachie Hatta, Megumi Honjo, Kanae Nishioka. Printed in Japan
落丁・乱丁本はお取替えいたします。

★定価はカバーに表示してあります。

ISBN 978-4-641-17429-0

JCOPY　本書の無断複写（コピー）は、著作権法上での例外を除き、禁じられています。複写される場合は、そのつど事前に、(社)出版者著作権管理機構（電話03-3513-6969, FAX03-3513-6979, e-mail:info@jcopy.or.jp）の許諾を得てください。